A. FLORA ANDERSON
Fr. GILBERTO GORGULHO
R. RODRIGUES DA SILVA
P. LIMA VASCONCELLOS

A HISTÓRIA DA PALAVRA I
A Primeira Aliança

LIVROS BÁSICOS DE TEOLOGIA
Para a formação dos agentes de pastoral
nos distintos ministérios e serviços da Igreja

DIREÇÃO E COORDENAÇÃO GERAL DA COLEÇÃO:
Elza Helena Abreu, São Paulo, Brasil

ASSESSORES:
D. Manoel João Francisco, bispo de Chapecó, Brasil.
Mons. Javier Salinas Viñals, bispo de Tortosa, Espanha.
João Batista Libanio, S.J., Belo Horizonte, Brasil.

PLANO GERAL DA COLEÇÃO

TEOLOGIA FUNDAMENTAL
1. *Crer num mundo de muitas crenças e pouca libertação* –
   João Batista Libanio

TEOLOGIA BÍBLICA
2. *História da Palavra I, A*
   A.Flora Anderson / Gilberto Gorgulho / R. Rodrigues da Silva / P. Lima Vasconcellos
3. *História da Palavra II, A*
   A. Flora Anderson / Gilberto Gorgulho / R. Rodrigues da Silva / P. Lima Vasconcellos
4. *Esperança além da esperança – Teologia sistemática, antropologia, escatologia*
   Renold J. Blank / M. Ângela Vilhena

TEOLOGIA SISTEMÁTICA
5. *A Criação de Deus – Deus e Criação*
   Luiz Carlos Susin
6. *Deus Trindade: a vida no coração do mundo – Trindade e graça I*
   Maria Clara L. Bingemer / Vitor Galdino Feller
7. *Deus-amor: a graça que habita em nós – Trindade e graça II*
   Maria Clara L. Bingemer / Vitor Galdino Feller
8. *Jesus Cristo: Servo de Deus e Messias Glorioso (cristologia)*
   Maria Clara L. Bingemer
8.1. *Sois um em Cristo Jesus*
   Antônio José de Almeida
8.2. *Maria, toda de Deus e tão humana*
   Afonso Murad

TEOLOGIA LITÚRGICA
9. *O mistério celebrado: memória e compromisso I*
   Ione Buyst / José Ariovaldo da Silva
10. *O mistério celebrado: memória e compromisso II*
    Ione Buyst / Manoel João Francisco

DIREITO CANÔNICO
12. *Direito eclesial: Instrumento da justiça do Reino*
    Roberto Natali Starlino

HISTÓRIA DA IGREJA
13. *Eu estarei sempre convosco*
    Henrique Cristiano José Matos

TEOLOGIA ESPIRITUAL
14. *Espiritualidade cristã*
    Francisco Catão

TEOLOGIA PASTORAL
15. *Pastoral dá o que pensar, A*
    Agenor Brighenti

APRESENTAÇÃO DA COLEÇÃO

A *formação teológica* é um clamor que brota das comunidades, dos movimentos e organizações da Igreja. Diante da complexa realidade local e mundial, neste tempo histórico marcado por agudos problemas, sinais de esperança e profundas contradições, a *busca de Deus* se intensifica e percorre caminhos diferenciados. Nos ambientes cristãos e em nossas igrejas e comunidades, perguntas e questões de todo tipo se multiplicam, e os *desafios da evangelização* também aumentam em complexidade e urgência. Com isso, torna-se compreensível e pede nossa colaboração o *clamor por cursos e obras de teologia* com sólida e clara fundamentação na Tradição da Igreja, e que, ao mesmo tempo, acolham e traduzam em palavras a ação e o sopro de vida nova que o Espírito Santo derrama sobre o Brasil e toda a América Latina.

É importante lembrar que os documentos das Conferências do Episcopado Latino-Americano (Celam) e, especialmente, as *Diretrizes Gerais da Ação Evangelizadora da Igreja no Brasil* (CNBB), assim como outros documentos de nosso episcopado, não cessam de evidenciar a necessidade de *formação teológica* não só para os presbíteros, mas também para os religiosos e religiosas, para os leigos e leigas dedicados aos distintos ministérios e serviços, assim como para todo o povo de Deus que quer aprofundar e levar adiante sua caminhada cristã no seguimento de Jesus Cristo. Nossos bispos não deixam de encorajar iniciativas e medidas que atendam a essa exigência primordial e vital para a vida da Igreja.

O documento 62 da CNBB, *Missão e ministérios dos cristãos leigos e leigas*, quando trata da "força e fraqueza dos cristãos", afirma: "... aumentou significativamente a busca da formação teológica, até de nível superior, por parte de leigos e leigas" (n. 34). E, mais adiante, quando analisa o "diálogo com as culturas e outras religiões", confirma: *"tudo isso torna cada vez mais urgente a boa formação de cristãos leigos aptos para o diálogo com a cultura moderna e para o testemunho da fé numa sociedade que se apresenta sempre mais pluralista e, em muitos casos, indiferente ao Evangelho"* (n. 143).

Atentas a esse verdadeiro "sinal dos tempos", a Editorial Siquem Ediciones e a Editora Paulinas conjugaram esforços, a fim de prestar um serviço específico à Igreja Católica, ao diálogo ecumênico e inter-religioso e a todo o povo brasileiro, latino-americano e caribenho.

Pensamos e organizamos a coleção "Livros Básicos de Teologia" (LBT), buscando apresentar aos nossos leitores e cursistas todos os tratados de teologia da Igreja, ordenados por áreas, num total de quinze volumes. Geralmente, os tratados são imensos, e os manuais que lhes correspondem são volumosos e rigorosamente acadêmicos. Nossa coleção, pelo contrário, por unir consistência e simplicidade, se diferencia das demais coleções voltadas a essa finalidade.

Conhecer a origem desse projeto e quem são seus autores tornará mais clara a compreensão da natureza desta obra e qual seu verdadeiro alcance. A coleção LBT nasceu da frutuosa experiência dos *Cursos de Teologia para Agentes de Pastoral* da Arquidiocese de São Paulo (Região Episcopal Lapa). Os alunos dos vários núcleos freqüentemente pediam subsídios, apostilas, livros etc. O mesmo acontecia em cursos semelhantes, em outras regiões e dioceses. Contando com a colaboração de experientes e renomados teólogos de várias dioceses da Igreja no Brasil, pouco a pouco foi surgindo e ganhando corpo um projeto que pudesse atender a essa necessidade específica. De todo esse processo de busca e colaboração, animado e assistido pelo Espírito Santo, nasceu a coleção "Livros Básicos de Teologia".

Fidelidade a seu propósito original é um permanente desafio: proporcionar formação teológica básica, de forma progressiva e sistematizada, aos agentes de pastoral e a todas as pessoas que buscam conhecer e aprofundar a fé cristã. Ou seja, facilitar um saber teológico vivo e dinamizador, que "dê o que pensar", mas que também ilumine e "dê o que fazer". É desejo que, brotando da vida e deitando suas raízes na Palavra, na Liturgia e na Mística cristã, essa coleção articule teologia e prática pastoral.

Cabe também aqui apresentar e agradecer o cuidadoso e sugestivo trabalho didático dos nossos autores e autoras. Com o estilo que é próprio a cada um e sem esgotar o assunto, eles apresentam os temas *fundamentais de cada campo teológico*. Introduzem os leitores na linguagem e na reflexão teológica, indicam chaves de leitura dos diferentes conteúdos, abrem pistas para sua compreensão teórica e ligação com a vida, oferecem vocabulários e bibliografias básicas, visando à ampliação e ao aprofundamento do saber.

Reforçamos o trabalho de nossos autores, convidando os leitores e leitoras a ler e mover-se com a mente e o coração através dos caminhos descortinados pelos textos. Trata-se de ler, pesquisar e conversar com o texto e seu autor, com o texto e seus companheiros de estudo. Trata-se de dedicar tempo a um continuado exercício de escuta, de consciência crítica, de contemplação e partilha. Aí, sim, o saber teológico começará a transpor a própria interioridade, incorporando-se na vida de cada dia e, pela ação com o Espírito, gestará e alimentará formas renovadas de pertença à Igreja e de serviço ao Reino de Deus.

Certamente esta coleção cruzará novas fronteiras. Estará a serviço de um sem-número de pessoas e comunidades eclesiais da América Latina e do Caribe, com elas dialogando. Estreitaremos nossos laços e poderemos ampliar e aprofundar novas perspectivas evangelizadoras em nosso continente, respondendo ao forte clamor de preparar formadores e ministros das comunidades eclesiais.

A palavra do Papa João Paulo II, em sua Carta Apostólica *Novo millennio ineunte* [no começo do novo milênio], confirma e anima nossos objetivos pastorais e a tarefa já começada:

> *Caminhemos com esperança! Diante da Igreja, abre-se um novo milênio como um vasto oceano onde é necessário aventurar-se com a ajuda de Cristo (n. 58).*
>
> *É necessário fazer com que o único programa do Evangelho continue a penetrar, como sempre aconteceu, na história de cada realidade eclesial. É nas Igrejas locais que se podem estabelecer as linhas programáticas concretas — objetivos e métodos de trabalho, formação e valorização dos agentes, busca dos meios necessários — que permitam levar o anúncio de Cristo às pessoas, plasmar as comunidades, permear em profundidade a sociedade e a cultura através do testemunho dos valores evangélicos (...). Espera-nos, portanto, uma apaixonante tarefa de renascimento pastoral. Uma obra que nos toca a todos* (n. 29).

Com as bênçãos de Deus, certamente esta coleção cruzará novas fronteiras. Estará a serviço e dialogará com um sem-número de pessoas e comunidades eclesiais da América Latina e do Caribe. Estreitaremos nossos laços e poderemos ampliar e aprofundar novas perspectivas evangelizadoras em nosso continente, respondendo ao forte clamor de capacitar formadores e ministros das comunidades eclesiais.

ELZA HELENA ABREU
Coordenadora geral da Coleção LBT

Dados Internacionais de Catalogação na Publicação (CIP)
(Câmara Brasileira do Livro, SP, Brasil)

A história da palavra I : a primeira Aliança : teologia bíblica / A. Flora Anderson...[et al.]. – 3. ed. – São Paulo : Paulinas ; Valência, ESP : Siquem, 2014. – (Coleção livros básicos de teologia ; 2)

Outros autores: Fr. Gilberto Gorgulho, R. Rodrigues da Silva, P. Lima Vasconcellos
ISBN 978-85-356-1099-4 (Paulinas)
ISBN 978-84-95385-42-0 (Siquem)

1. Bíblia - História 2. Bíblia - Teologia 3. Bíblia. A.T. - Crítica e interpretação 4. Palavra de Deus (Teologia) I. Anderson, A. Flora. II. Gorgulho, Fr. Gilberto. III. Silva, R. Rodrigues da. IV. Vasconcellos, P. Lima. V. Série.

14-00558   CDD-220.6

Índice para catálogo sistemático:
1. Bíblia : Teologia 220.6
2. Teologia bíblica 220.6

3ª edição – 2014

© Siquem Ediciones e Paulinas
© Autores: A. Flora Anderson, Gilberto Gorgulho,
Pedro L. Vasconcellos, Rafael R. da Silva

Com licença eclesiástica (6 de fevereiro de 2003)
Citações bíblicas: Bíblia Sagrada – Edição Pastoral, São Paulo, Paulus, 1990

Coordenação geral da coleção LBT: *Elza Helena Abreu*
Editora responsável: *Vera Ivanise Bombonatto*
Assistente de edição: V*alentina Vettorazzo*

Nenhuma parte desta obra pode ser reproduzida ou transmitida por qualquer forma e/ou quaisquer meios (eletrônico ou mecânico, incluindo fotocópia e gravação) ou arquivada em qualquer sistema ou banco de dados sem permissão escrita da Editora. Direitos reservados.

Siquem Ediciones
C/ Avellanas, 11 bj. 46003 Valencia - Espanha
Tel. (00xx34) 963 91 47 61
e-mail: siquemedicion@telefonica.net

Paulinas
Rua Dona Inácia Uchoa, 62
04110-020 – São Paulo – SP (Brasil)
Tel.: (11) 2125-3500
http://www.paulinas.org.br – editora@paulinas.com.br
Telemarketing e SAC: 0800-7010081
© Pia Sociedade Filhas de São Paulo – São Paulo, 2003

PREFÁCIO

A Bíblia hebraica, a que costumeiramente chamamos Antigo Testamento, é certamente um testemunho privilegiado de como a Palavra de Deus se fez história na vida de um povo, e sua revelação não pode ser compreendida a não ser pela inserção nessa história (Ex 3,7-10). É com tal convicção que os autores e a autora deste volume apresentam uma introdução à leitura da Bíblia hebraica, ao mesmo tempo que realizam um rápido percurso pela história do povo de Israel e pelas três partes em que a Escritura judaica se vê estruturada.

Este volume tem duas grandes partes. Na primeira, formada por dois capítulos, encontramos algumas indicações que pretendem orientar a leitura de toda a Bíblia. O primeiro capítulo oferece pistas sobre a hermenêutica, sugere perspectivas desafiadoras para que a leitura da Palavra de Deus esteja em sintonia com o movimento da gente empobrecida e marginalizada em busca de dias melhores e vida mais digna. Quem o escreve é Ana Flora Anderson. O segundo capítulo é de frei Gilberto da Silva Gorgulho. Nele, o autor propõe a leitura da Palavra como compreensão da Aliança, vista como eixo fundamental para se entender o pacto e compromisso solidário e libertador de Deus para com o seu povo.

Na segunda parte deste livro, temos uma introdução à leitura da Bíblia hebraica. No terceiro capítulo, frei Gorgulho traça um panorama sintético sobre as etapas da história do povo no seio do qual brotou a Bíblia. Como poderemos ver pelo que vem a seguir, não será possível fazer uma leitura consistente dos textos da Bíblia hebraica sem levarmos em conta sua inserção no cotidiano da história de Israel. É no seio dessa história, de seus conflitos e esperanças, que a Aliança se foi manifestando, enfraquecendo e refazendo. E, nas trilhas da história de Israel, Rafael Rodrigues da Silva apresenta-nos a teologia da Aliança com base em um panorama das Alianças de Iahweh. Começando pela Aliança com as minorias abraâmicas, passando pela Aliança com os hebreus e sua concretude na posse da terra até chegar nas releituras presentes nas vozes proféticas e sapienciais. Esses dois capítulos oferecem indicações preciosas para a compreensão da Palavra de Deus assumida na vida do povo de Israel.

Os capítulos restantes tratam das três partes que compõem a Bíblia hebraica. A apresentação das perspectivas fundamentais da primeira parte da Bíblia hebraica, a Torá, está a cargo de Rafael. Enfrenta-se aí o desafio de ler o Pentateuco como literatura surgida da lida cotidiana do povo. Ao recordar-se de seu passado, recuperar a história de seus antepassados e principalmente a memória do evento fundante do êxodo, Israel fortalece sua identidade e se atreve a pensar e criar o futuro, refazendo a libertação.

Cabe a Pedro Lima Vasconcellos considerar a segunda parte da Bíblia hebraica, os Profetas. Prioriza-se aí a leitura do livro de Isaías. A experiência de Deus em meio aos pobres e as exigências de justiça e fidelidade, bem como as expectativas de renovação da história, são destacadas em sua apresentação do profetismo, poderoso elemento vitalizador da história e da religião de Israel.

Frei Gorgulho fecha o volume com um texto sobre os sábios de Israel, de cujo legado surgiu a terceira parte da Bíblia hebraica. Seu percurso pelos diversos blocos formadores do livro dos Provérbios abre caminhos promissores para uma leitura da sabedoria em Israel, profundamente enraizada na experiência cotidiana do povo e em seus anseios.

Este livro foi pensado para ser um instrumento de trabalho a quem busca prestar um serviço mais profundo à Palavra nas comunidades. Por isso, procura aliar informações de cunho histórico com perspectivas que apontem para a necessidade de tradução da Palavra na vida de nossos tempos. Que a Palavra estimule o testemunho neste novo milênio, que contribua na gestação de tempos melhores, de mais vida e fraternidade. A experiência histórica de Israel, consignada em seu livro sagrado, tem muito a dizer nesse sentido.

Rafael Rodrigues da Silva

Capítulo primeiro

A LEITURA DA PALAVRA DE DEUS

Ana Flora Anderson

1. A BÍBLIA É UMA BIBLIOTECA

Quando começamos a ler um livro, normalmente percebemos o estilo do autor, o tipo de linguagem usada, o contexto no qual ele escreveu e quais são suas idéias principais. A Bíblia, porém, não é como qualquer outro livro. Nela encontramos 72 "livros", e mesmo dentro de cada um deles há estilos diferentes. Por exemplo, Gênesis 1 a 11 difere bastante do resto do livro.

A Bíblia é uma biblioteca de livros escritos durante quase mil anos. Os contextos são diferentes. Os autores são os mais variados possíveis. Alguns são de famílias nobres, outros são pastores, outros sacerdotes, e são homens e mulheres. De vez em quando, surge um sábio ou um teólogo formado, mas, basicamente, a Bíblia foi escrita pelo povo de Deus.

Os autores bíblicos escrevem em lugares diferentes e para comunidades diferentes. Os locais geográficos são diversos e há diferenças de raças, línguas, nações e de cronologias. Como podemos nos preparar para ler tal livro?

2. A PALAVRA DE DEUS

Os judeus e os cristãos acreditam que suas Escrituras são a manifestação da Palavra de Deus; isto é, afirmam que o Espírito de Deus penetrou a mente e o espírito dos autores humanos. Isso significa que em todos os textos, apesar das variedades anteriormente mencionadas, há *uma verdade para a salvação* (*Dei Verbum* n. 11).

Esses textos são inspirados pelo Espírito Santo. O primeiro passo, portanto, para entendê-los consiste em estarmos abertos ao Espírito. A Palavra de Deus pode ser compreendida em seu sentido mais profundo somente por aqueles que vivem em harmonia com Deus. O que isso significa na prática? Na Bíblia hebraica e no Novo Testamento há uma Palavra de Deus que o próprio Jesus citou como fundamental: *Amar Deus acima de todas as coisas e amar o próximo como a si mesmo* (Lc 10,27).

O Papa Paulo VI exprimiu isso de outra maneira quando se dirigiu aos exegetas italianos. O Santo Padre lhes pediu duas coisas: entregar-se completamente à Palavra de Deus e entregar-se completamente ao povo que ouvirá essa Palavra. O Papa afirma que essas duas atitudes criam algo como uma *faísca,* e essa *faísca* é o sentido da Palavra de Deus para os ouvintes de hoje.

O que isso significa para os leitores das Sagradas Escrituras que não são estudiosos da Bíblia? Todos devem estudar os textos sagrados segundo suas possibilidades. Existem comentários sobre todos os aspectos do mundo bíblico. Podemos ler sobre tudo o que nos interessa, desde as profissões da época até a liturgia que era celebrada no Templo, ou nas pequenas comunidades.

Esses estudos devem fazer o texto ficar mais vivo e concreto para nós. Ao compreender melhor os ouvintes de Amós ou de Jesus de Nazaré, é mais fácil relacionar as palavras do texto com o nosso mundo.

O segundo ponto da *faísca* nos faz lembrar que Deus sempre falou ao seu povo. À medida que lemos a Palavra com o povo, abrindo nosso coração aos anseios, aos temores e às esperanças das irmãs e dos irmãos, a Palavra toma uma nova vida. É uma leitura comunitária, orante e séria. Ela nos orientará mesmo quando lemos os textos sozinhos.

3. A PALAVRA É VIVA

Devemos lembrar que Deus não vive no tempo como os seres humanos. Sua Palavra não é simplesmente *daquele tempo*. Quando ele se dirige a Jeremias ou a Maria Madalena, as mesmas palavras são dirigidas a nós. Não precisamos *aplicar* uma palavra dirigida a outros para a nova situação. *Deus fala a nós hoje!*

Para resumir, em primeiro lugar, antes de falar de Deus, devemos ter a experiência de Deus. É preciso ter paixão por suas coisas. E as Escrituras revelam o mistério de Deus. Para recebê-lo, devemos entrar no olhar, no ouvido, no coração de Deus. Porque *Deus viu a aflição de seu Povo e ouviu o seu clamor, e seu coração encheu-se de compaixão e de amor por ele a fim de libertá-lo* (Ex 3,7 e 34,6).

4. O ESPÍRITO ESTÁ NO POVO

Em segundo lugar, a evangelização é um serviço ao Povo de Deus. E o Espírito Santo está no povo. Quanto mais nós nos aproximamos do povo, tanto mais perto ficamos de Deus. Deus nos fala, na realidade, da vida do povo.

Devemos permanecer unidos à fé da Igreja, à tradição viva do Povo de Deus de geração em geração. Como no passado bíblico, o povo de hoje é muito diverso. Há ocidentais e orientais, há mulheres e homens, crianças e idosos, euro-americanos e afro-americanos, intelectuais e populares. Todos irão ler as Escrituras da mesma maneira?

5. A BUSCA DA PALAVRA VIVA

Entre as várias maneiras tradicionais de ler a Palavra de Deus, a primeira sempre foi a busca do *sentido literal*, isto é, o sentido que o texto tinha para o seu autor. Não se trata, porém, de uma leitura fundamentalista.

O texto deve ser compreendido segundo as convenções literárias da época em que foi escrito. Essa leitura exige que se façam pesquisas literárias e históricas para melhor entender o autor e sua época.

A segunda leitura tradicional é a leitura espiritual. É a busca do sentido expresso pelo texto quando lido sob a inspiração do Espírito Santo. Não se trata também de uma simples interpretação subjetiva. Trata-se de uma leitura nutrida em uma vida comunitária, iluminada pelo mistério pascal e concretizada nas circunstâncias atuais pela ação do Espírito Santo.

A terceira leitura tradicional é a busca do sentido pleno. É o sentido desejado por Deus, mas não claramente expresso pelo autor humano. Descobre-se esse sentido quando se lê um texto à luz de outro. O sentido pleno é outra maneira de falar do sentido espiritual.

Seu fundamento está na realidade da fé, na comunicação da Palavra Viva de Deus: o Espírito Santo é o autor principal das Sagradas Escrituras, e ele conduz à plenitude da Verdade revelada pela Palavra. O texto sempre é mais profundo do que a sua expressão literária; ele é sempre o sinal da Palavra que comunica o Espírito de Deus, que é Vida e Comunhão de Amor.

6. A LEITURA A PARTIR DOS POBRES

A primeira explosão da leitura da Palavra de Deus na América Latina teve por base a maioria pobre da população. Com essa aproximação aos mais pobres, houve uma nova compreensão dos sentidos e dos aspectos da Palavra de Deus.

Os teólogos e os pastores perceberam que a reflexão sobre Deus e sua Palavra deve surgir do lugar onde a sociedade *está doendo*. Essa afirmação é teológica. A revelação ensina que é na vida e na situação dos pobres que Deus é encontrado e nas quais ele opera a salvação.

O Deus da Bíblia hebraica é o Deus dos pobres e dos oprimidos que se torna partidário daqueles que procuram a justiça. O Deus do Novo Testamento é este mesmo Deus que se encarna num homem pertencente ao povo da terra. Ele foi tão entrosado nesse povo que os poderosos decidiram destruí-lo.

A Escritura revela que a pobreza destrói e que devemos lutar contra ela. A pobreza não é um acidente, é o resultado de uma estrutura. A teologia como sabedoria interpretativa tem por função a crítica das ideologias e a apresentação de uma ação orgânica e transformadora que é graça de Deus.

7. A LEITURA DOS AFRO-AMERICANOS E DOS ÍNDIOS

A leitura da Palavra de Deus a partir dos pobres ensinou-nos que a pobreza econômica não é a única. Entre os pobres, surge o grito racial dos afro-americanos e dos povos indígenas. Além de sofrerem a marginalização da pobreza, sofrem também a discriminação racial. Cada grupo torna-se mais solidário para que, juntos, possam buscar um novo projeto de vida e um sinal de esperança.

8. A LEITURA FEMINISTA

Junto com essa leitura, veio com força total o convite das mulheres, a maioria na América Latina, para se fazer uma leitura de gênero. Elas nos levam a ver a riqueza das figuras femininas na Bíblia hebraica e no Novo Testamento.

As mulheres são de todas as raças e de todas as classes sociais. Elas nos ajudam a ver o papel de todos os marginalizados em nossa sociedade. Criticam a mentalidade patriarcal que vê os outros como dependentes e secundários.

Paulo Freire mostrou-nos que muitos pobres aceitam a visão que as elites dominantes têm da sociedade. Eles só podem ser livres quando se conscientizam de que há outras ideologias e outras alternativas sociais.

Elisabeth Schüssler Fiorenza, biblista feminista, vê a interpretação igualitária como a única que faz justiça ao ensinamento de Jesus e à prática da Igreja hoje. Como todo teólogo cristão, ela acredita que a Escritura é um convite para agir no mundo segundo a vontade de Deus. Trata-se de perceber a desigualdade com os olhos de Deus e oferecer uma nova perspectiva e uma nova alternativa.

R. Radford Reuther afirma que tudo o que nega ou deturpa a plena humanidade do ser humano não é redentor. A santidade é aquilo que promove a plena humanidade. A leitura feminista da Bíblia é uma leitura profética. Ela se dirige aos sistemas que causam desigualdades de classe, de gênero ou de raça. E ela pede uma conversão.

É interessante perceber que, no sofrimento, os seres humanos sempre procuram o amor da Sofia/Sabedoria Divina:

*Mas tu também, bom Jesus,
Tu não és também mãe?
Não és a mãe que,
Como a galinha,
Protege-nos com suas asas?*

*E tu, minh'alma, morta em ti mesma,
Corre para as asas de Jesus, tua mãe,
E chora tuas dores sob suas penas.
Pede que tuas feridas sejam curadas,
E que, confortada, possas viver de novo.*

Anselmo de Cantuária

Resumindo

- As Sagradas Escrituras são uma das manifestações do mistério da encarnação. A Palavra da Bíblia é profundamente humana e profundamente divina. A Igreja nos ensina a buscar em cada texto a verdade para a salvação. Devemos lembrar que o que Deus nos quer dizer hoje está encarnado em contextos de outras épocas e de outras culturas. O estudo da Sagrada Escritura é, ao mesmo tempo, uma experiência espiritual e um aprofundamento da história e dos gêneros literários da Antiguidade.

Perguntas para reflexão e partilha

1. Quem escreveu a Bíblia?
2. Por que a Bíblia apresenta a condição dos pobres em cada sociedade como o *termômetro* da fé em Deus?
3. Por que o acréscimo de "Naquele tempo", antes de uma leitura bíblica, pode deturpar a compreensão do texto hoje?

Bibliografia complementar

A EVANGELIZAÇÃO NO MUNDO CONTEMPORÂNEO. *Evangelii Nuntiandi*, 1975.

A INTERPRETAÇÃO DA BÍBLIA NA IGREJA. Documento da Pontifícia Comissão Bíblica, 1993.

A REVELAÇÃO DIVINA. Constituição Dogmática *Dei Verbum*, 1966.

Capítulo segundo

A PALAVRA DA ALIANÇA

Frei Gilberto Gorgulho, op

1. INTRODUÇÃO

A leitura da Bíblia é busca da Palavra que inspira o Amor. A leitura critica a realidade, procura compreender a vida e a interpreta na história, na antropologia, na sociologia, na psicologia e na vida do povo. A leitura espiritual trata de adquirir seu conteúdo completo como Palavra da Aliança que dá a identidade do Povo de Deus.

Busca também compreender a Palavra que comunica o Espírito divino para reunir e sustentar o Povo da Aliança, porque a Palavra revela que o Amor é a essência da Lei que cimenta a vida da Aliança (Dt 4; Dt 6,1-9), o Caminho da Vida em união com Deus e com os irmãos. Esse é o primeiro mandamento, base da continuidade da Primeira e da Nova Aliança trazida pelo Messias, o Cristo filho e Senhor de Davi (cf. Mc 12,28-34).

2. A NOVIDADE DO POVO

A leitura puramente positiva não explicita o que é povo, realidade fundamental na revelação judaico-cristã. Não é nenhuma sociedade ou tipo de sociedade observável, pois o povo só existe pela promessa e pelo dom divinos (Dt 7,1-16).

Israel é fonte da noção de povo. Tinha consciência de que sua identidade era fruto da promessa de Deus, e firmava-se na união com ele. Israel é um povo formado pela Aliança, porque, eleito em comum, desde o tempo dos Pais e das Tribos, recebeu uma tarefa comum. Foi convidado a viver como irmão, em igualdade, sem dominadores. O povo é uma sociedade fundada na libertação das relações de dominação, na solidariedade ativa que o sustenta na adversidade e na felicidade.

3. O NOME DE DEUS LIBERTADOR

O que constitui o povo é a presença de Deus no processo de libertação da dominação do faraó no Egito (Ex 1–15). O Deus dos hebreus, o Deus dos pais, revela seu Nome como Presença libertadora que irá constituir o seu povo (Ex 3,18).

A Presença Viva no meio do povo faz a liberdade entrar na história. É a liberdade comunitária vivida pelos que são salvos da dominação. Este é o Nome com o qual deverá ser lembrado, de geração em geração (Ex 3,14-15), e contém os desenvolvimentos de sua manifestação na futura vida desse povo libertado: a Presença Viva é a manifestação d'*Aquele que é, Aquele que era, e Aquele que vem visitar o seu povo* (Ex 3,16; cf. Ap 1,8).

4. O DEUS DE COMPAIXÃO

A essência da Aliança revela-se no deserto do Sinai. Deus manifesta-se como protetor e salvador de seu povo. Ele o liberta da fome, da sede, dos inimigos e da idolatria. Ele manifesta o seu Nome, fonte e sentido da Aliança com seu povo: Deus de Compaixão (*rahamim*, em hebraico: o útero materno fonte do amor pelos filhos) e de Graça (*hanûn*, o que se inclina como mãe sobre o filho querido), rico em Amor (*hésed*, em hebraico: laço de união afetiva entre parceiros que se doam mutuamente) e em Fidelidade (*émeth*, indica a solidez e a duração perene da aliança nos que se unem por amor) (cf. Ex 34,6).

5. A ALIANÇA NA HISTÓRIA

O povo, no decorrer de sua história, não conseguiu manter a Aliança. É o filho infiel que Deus puxou com laços de Amor (Os 11); é a Esposa que se prostituiu e abandonou o conhecimento de Deus (Os 4). A Aliança de Amor foi rompida, o povo volta a desejar e instalar relações de dominação e de idolatria. Os profetas levantam a voz para lembrar a condição de Povo de Deus e a Aliança. Denunciam a corrupção do povo que deixou de ser povo para assimilar-se às demais nações. Em Israel também há opressão dos pobres, rejeição dos fracos, exclusão e rejeição dos estrangeiros.

A Aliança deve ser refeita continuamente. O melhor exemplo da exigência de renovação da Aliança está em Oséias 2,16-24. A união com Deus deve ser feita no *Direito* e na *Justiça*. No entanto, deve-se fazer em maior intensidade, assimilando o *Amor* e a *Compaixão* do Deus do Êxodo. A *Fidelidade* dará perenidade à Aliança, que culmina no *Conhecimento de Deus*: essa é a meta central capaz de refazer a sociedade em todos os seus níveis (cf. Os 2,20-24 e Os 4,1-4).

Jeremias 22,13-16 mostra que a nova práxis capaz de refazer a sociedade é a justiça que liberta os pobres e os indigentes. Nisso consiste o conhecer a Deus. E o profeta anuncia então a necessidade da conversão do coração e a vinda da Nova Aliança que é o dom total de Deus pelo ato de perdão e pela presença da Palavra da Aliança no mais íntimo do ser das pessoas e do povo que vive em comunhão (Jr 31,31-34).

6. A NOVA ALIANÇA NO REINO DE DEUS

Jesus de Nazaré refaz o Povo de Deus e estabelece a nova prática da Justiça como o fundamento da Vida nova no Reino de Deus. Jesus é levado pelo Espírito para as ovelhas perdidas do povo de Israel. Como o mensageiro escatológico, ele chora sobre as ruínas do seu povo. Todos estão dispersos, os pobres dominados, os fracos expoliados, os pecadores abandonados, os estrangeiros expulsos. Jesus vem para reunir as ovelhas dispersas e buscar o que estava perdido. Ele veio refazer o Povo de Deus, na prática da Nova Aliança.

O evangelho de Mateus mostra que Jesus realiza a missão do Servo de Deus para implantar a Justiça do Reino (Mt 3,15). Ele diz a verdade. Liberta os oprimidos, cura suas doenças. Estabelece a nova prática da compaixão como a realidade definitiva que Deus quer (Mt 12,1-8). Anuncia então que é preciso ir além da práxis da Lei segundo os escribas e os fariseus. O novo Povo de Deus caracteriza-se pela prática da Justiça do Reino de Deus (Mt 5,10.20).

A cena da tentação (Mt 4,1-11) define a missão de Jesus como novo êxodo de libertação. Seu messianismo liberta das ambiguidades fundamentais da vida do povo. É uma libertação completa que atinge a relação com a natureza e as necessidades vitais da comunidade humana, com respeito à religião que pode até falsear a busca do Transcendente, e com relação à dominação pelo poder político.

A práxis da Nova Justiça é proclamada nas Bem-aventuranças. Elas indicam que a vida dos discípulos é imitação e seguimento do Mestre, pobre e manso no mais profundo de seu ser. A Nova Justiça é o aspecto positivo da libertação. A meta e a medida consistem em ser perfeito como o Pai Celeste. É a maneira de ultrapassar a Justiça da Lei, vivida pelos escribas e fariseus (Mt 5,20 e Mt 5,48). A perfeição é integridade sempre atual. Deus pede obediência absoluta e entrega total de si ao amor de Deus e do próximo. A vontade positiva de Deus é a exigência do amor, cuja expressão máxima encontra-se no amor aos inimigos, no perdão e na procura ativa do bem do outro (cf. Mt 5,38-48; Mt 18,21).

A Justiça do Reino é vivida na comunidade dos pobres (Mt 18). A marcha para o futuro está na responsabilidade de fazer frutificar os dons recebidos, como mostra a parábola dos talentos (cf. Mt 25,14-30). A práxis da Nova Justiça é resumida no discurso apocalíptico. É a práxis da fé, da esperança e do amor que a vinda de Jesus inspira. No ato de amor para o que tem fome, sede, está nu, está preso, realiza-se a Justiça do Reino e dá-se o encontro com o Cristo que vem sempre com seu apelo decisivo do julgamento. Nesse ato de justiça e de amor ao próximo ocorrem o encontro com o próprio Cristo e o acesso para a vida eterna. Tal é o sentido da cena do último juízo (cf. Mt 25,31-46).

A práxis da Nova Aliança traz o tempo do Povo Messiânico, que acontece pelo agir de Deus e pelo agir do povo. Da parte de Deus, o escatológico é o Reino. O Reino de Deus se faz pela missão da Palavra e pelo batismo no Espírito Santo da Aliança. É o conjunto de ações pelas quais Deus vence os seus adversários, liberta o seu povo e estabelece a soberania de seu Amor no mundo, no decorrer da história humana. Da parte do povo, o escatológico é a disposição que se tem diante da vinda de Deus, em Jesus Cristo morto e ressuscitado. Trata-se de saber se estamos com Deus ou contra Deus no dia da vinda de seu Reino. Porque o advento do Reino separa e julga: as pessoas dividem-se em adversários ou amigos de Deus. Essa disposição exige a conversão decisiva que está na fé e na práxis da Nova Justiça.

Resumindo

• *Povo é realidade central na tradição judaico-cristã. Povo é comunhão de pessoas reunidas no amor de Deus e do próximo. A Palavra da Aliança apresenta o conteúdo da história e da vida do Povo de Deus. É o eixo para a leitura da Primeira e da Nova Aliança.*

Perguntas para reflexão e partilha

1. Mostre quais os elementos que constituem um povo, o sujeito coletivo que se liberta da dominação para viver em comunhão. Como isso aparece narrado no livro do Êxodo?
2. Por que a Palavra da Aliança é o eixo da revelação bíblica? Qual o Nome de Deus em Êxodo 3? Qual o Nome de Deus em Êxodo 34?
3. Qual a diferença entre a Primeira e a Nova Aliança? Qual o lugar de Jesus Cristo na realização da Nova Aliança? Como o evangelho de Mateus mostra isso: na genealogia (Mt 1), nas Bem-aventuranças (Mt 5), no ministério público (Mt 12)?

Bibliografia complementar

BROWN, Raymond E. *O significado crítico da Bíblia*. São Paulo, Loyola, 1987.

CHARPENTIER, Etienne. *Para ler o Antigo Testamento;* orientação inicial para entender o Antigo Testamento. São Paulo, Paulinas, 1986.

ZENGER, Erich. *O Deus da Bíblia;* estudo sobre os inícios da fé em Deus no Antigo Testamento. São Paulo, Paulinas, 1989.

Capítulo terceiro

HISTÓRIA DA LIBERTAÇÃO DO POVO

Frei Gilberto Gorgulho, op

A leitura da Bíblia nas comunidades deve descobrir o seu valor como a manifestação do Deus da Vida que vem convocar e sustentar a vida de seu Povo. A Bíblia é, de fato, a narrativa da história da libertação do Povo de Deus. É a história da promessa de Deus para a libertação e organização do povo livre e solidário. O Concílio Vaticano II relembra a importância do livro da Primeira Aliança para os cristãos. Esse ensinamento está no documento sobre a Palavra de Deus (*Dei Verbum*, nn. 14-15).

Compreender o livro da Primeira Aliança a partir da história do povo é o mesmo que o ler a partir da libertação dos pobres. Esse livro sagrado é o testamento da ação de Deus na libertação dos pobres para formar um povo livre e solidário, pois a realidade central da vida desse povo, ou o Povo de Deus, é a comunhão com Deus e com os irmãos. De fato, povo é um sujeito histórico que se liberta da dominação para a formação de um modelo social na liberdade, na fraternidade e na solidariedade. Assim, o Livro Sagrado, dos judeus e dos cristãos, é o testamento da pedagogia de Deus na formação e educação de seu povo.

As etapas da história da libertação do povo são condicionadas pelo sistema econômico daquela época. É o sistema tributário: arrecadação do produto do trabalho dos camponeses por uma classe dominante instalada na cidade. Indicamos três fases principais dessa história, na formação do Povo de Deus: as TRIBOS de Israel, o ESTADO tributário e a COMUNIDADE religiosa em torno do Templo restaurado.

1. AS TRIBOS DE ISRAEL (1400-1000 A.C.)

A primeira etapa da libertação envolve a história dos Patriarcas (Abraão, Isaac e Jacó), o Êxodo com Moisés e a vida das tribos na terra libertada (Josué, Juízes).

1.1. A dominação egípcia

A história da dominação, em Canaã, surge com a presença do império egípcio nos séculos XIII e XII a.C. O império egípcio era o grande senhor que dominava toda a extensão do território no qual se irá formar o povo de Israel.

A Palestina — a terra de Canaã — esteve sob a dominação egípcia até o século XIII a.C. Durante quase todo o segundo milênio permanecia essa situação. Os reis *Hicsos,* porém, invadiram o império egípcio, dominando-o de 1700 a 1580 a.C. Trouxeram inovações militares (como o carro de guerra) e incentivaram a formação de cidades. Foram expulsos pelos egípcios, que implantaram rigoroso regime de dominação. Isso durou até 1200 a.c., quando os egípcios foram expulsos da Palestina pela resistência dos cananeus e dos filisteus.

Na Palestina havia distintas regiões geográficas, muitas de interesse econômico e comercial:

- A planície (cultivada e fértil) era o caminho do comércio das caravanas.
- A região das matas estava nas montanhas e tinha acesso difícil.
- A estepe era um cinturão em que não havia muita chuva, mas onde era possível uma vida dura, com a qual dava para sobreviver.
- O deserto era inabitável e árido, sem maiores possibilidades de sobrevivência.

A planície era a região estratégica. Nela se instalavam as cidades-estados, nas quais viviam o rei e as classes dominantes que detinham os campos. Os egípcios dominavam essas cidades, favorecendo seus reis com apoio militar; em troca, recebiam seu tributo. Mantinham essa situação e permaneciam como defensores e protetores dessas cidades.

Essa é a situação que marginaliza os camponeses e os mantém em dura servidão, que se estrutura em todos os níveis da organização social (econômico, político e ideológico). Tal ordem parece imutável, tanto mais que o faraó era considerado o filho de Deus, e a ordem do mundo era vista como estabelecida e querida pelos deuses do faraó e dos reis cananeus (deuses dos templos e dos palácios). Baal era um grande deus cananeu que justificava o processo de produção imposto aos camponeses, com sua obrigação de pagar tributo às cidades-estados.

1.2. A resistência dos camponeses

No século XIII a.C., por causa da resistência interna, os egípcios foram saindo aos poucos de Canaã. Com essa retirada, os reis cananeus começaram a se enfraquecer e a disputar entre si. Os camponeses, então, empobrecidos e dominados, procuraram uma saída para essa situação.

Surge o fenômeno dos "hapiru", grupo que reage contra a dominação das cidades-estados. Com a difusão do uso do ferro e com a nova técnica de construir cisternas, esses "hapiru" começaram a tomar posse das matas e das montanhas. Desenvolveram e cultivaram essas regiões, não precisando mais depender da planície e de suas cidades-estados.

Surge, então, um movimento de libertação de vários grupos que resistem à dominação. Eles fogem e começam vida nova na estepe, e depois nas montanhas. Da convergência desses grupos nasce Israel, que será uma liga de tribos igualitárias.

O surgimento de Israel acontece no século XIII a.C. É esse o momento do êxodo do grupo de Moisés (Ex 1,11;14,5), da caminhada no deserto e do evento do Sinai. Esses acontecimentos constituem a história dos vários grupos que resistiam à dominação egípcia e cananéia.

1.3. Israel, um povo livre

Um primeiro grupo, cuja história começa pela fuga para a estepe, permite compreender as histórias de Abraão e de Isaac, no sul, e de Jacó, no norte. São antigos agricultores, seminômades, que deixavam a dominação da área agrícola e buscavam nova vida de liberdade na região da estepe. Viviam livres da dominação das cidades-estados e começaram novo tipo de vida na confiança no Deus dos pais e na esperança de futuro para sua descendência (terra e filho).

Há ainda um segundo grupo, cuja história começa pela fuga para a Palestina, na região do Sinai, nos setores integrados mais de perto pela dominação egípcia, e um terceiro grupo, o de beduínos de Cades (cf. Ex 18), que também contribuiu para a resistência.

Esses grupos eram compostos de populações marginais. Aí se encontra sua importância na formação de um novo sujeito histórico. O mérito maior na formação de Israel é dado ao grupo que vem do Egito — o do Êxodo. Ele experimentou de perto a dominação (Ex 1,11). Esse grupo de Moisés traz do Egito uma experiência que os outros não tinham: viu de perto a dominação e conseguiu fugir (Ex 14,5) sob a proteção do Deus dos hebreus (cf. Ex 3,18). Tornou-se fermento catalisador no meio dos outros grupos que tinham a mesma característica de luta contra a dominação egípcia e cananéia.

Israel é o resultado desse movimento de libertação. Aí se encontra a raiz de sua fé em Iahweh libertador (cf. Ex 3), que fundamenta uma nova tomada de consciência ético-social, expressa no Decálogo (cf. Ex 20,1-17).

Israel organiza-se, primeiramente, nas montanhas, com o projeto social camponês que contesta a estrutura cananéia, pela qual as cidades-estados exploravam e se apropriavam da parte importante da produção do campo. A garantia desse projeto de liberdade e de vida sem exploração e sem escassez (cf. Ex 3,7ss) era mantida por leis agrárias de justa distribuição da terra entre famílias, famílias extensivas e tribos (Js 7,14; Lv 25,10). Mantinha-se também pela defesa comum das tribos e pela recusa de um governo de reis com burocracia e exército permanentemente organizado (cf. Jz 5 e 9). A base da unidade e da defesa dos novos grupos era sua fé em Iahweh, o Deus libertador da dominação egípcia. Foi essa experiência de libertação e de fé que sustentou a primeira experiência da vida de um povo, num processo consciente e vigilante de retribalização (modelo de vida social igualitária e sem exploração de um grupo sobre outro). Esse novo modelo social procurava assegurar relações sociais igualitárias. É a vida das tribos de Israel, sem Estado. O povo une-se e organiza-se para a partilha e solidariedade, apoiando-se em sua fé no Deus que se faz presente na luta e na vida dessas tribos que são o seu povo (cf. Jz 5) e na partilha da terra entre as "famílias" (cf. Js 13–21; 24).

2. O ESTADO TRIBUTÁRIO (1000-587 A.C.)

A segunda grande etapa começa no ano 1000 a.C. É a história dos Reis que encontramos nos dois livros de Samuel e nos dois livros dos Reis. É a nova etapa que começa com a formação e o crescimento do Estado tributário. A organização do tributo muda a vida das tribos, e começa novo processo de dominação e de exploração da cidade sobre o campo. Essa etapa desenvolve-se em torno das cidades de Jerusalém e Samaria, com a história paralela do reino de Israel (ao norte, com a capital Samaria) e de Judá (ao sul, com a capital Jerusalém, a cidade do rei Davi).

2.1. A formação do Estado

A primeira experiência de libertação e de solidariedade passou pela transformação do tribalismo comunitário em um Estado tributário, como atestam as histórias dos Juízes e as antigas leis conservadas no Código da Aliança, em Êxodo 20–23.

A mudança vem de pressões externas (os filisteus: 1Sm 2,16; 13,19ss) e das contradições no interior da vida econômica das tribos (cf. Jz 9,15). O desenvolvimento da agricultura, e de modo especial da produção pecuária, leva a um processo de concentração da terra nas mãos de alguns grupos, estimula a arrecadação do tributo e está na origem da estratificação social (o camponês, o soldado, os sacerdotes dos santuários: Ex 22,8.27-28). Algumas tribos mais fortes começam a impor-se econômica e politicamente sobre as demais (Jz 8,2; 9), e há até uma primeira tentativa de instaurar uma realeza em Siquém.

Saul apóia-se numa classe camponesa emergente por sua produção pecuária e que gerava conflito no meio das tribos (1Sm 9,1; 11,4-7; cf. Ex 22,8:

o conflito por causa do boi). Entretanto, a mudança social foi tal que o novo chefe não conseguiu um novo equilíbrio social e rompeu com as lideranças tribais (1Sm 13,13; 15,23). A organização incipiente de Saul, no entanto, teve repercussão na estrutura e no sentido dos sacrifícios, bem como na arrecadação do excedente da produção camponesa. Tem-se novamente um processo de dominação sobre os camponeses. Saul não tinha gênio político para dominar a situação. A tradição diz que caiu na confusão e um "espírito mau" o dominou pelo resto de sua vida. Ele rompeu com o modelo igualitário das tribos que era defendido por Samuel (1Sm 15,23).

Davi alia-se aos camponeses e pastores empobrecidos e consegue uma liderança que controla o conflito entre o campo e a cidade. Ele refaz a unidade das tribos, constituindo um grande império, no modelo das antigas cidades-estados e do grande império egípcio em Canaã (1Sm 22,2; 25,2-3.10; 2Sm 1–5). A conquista de Jerusalém, a instalação da Arca da Aliança, a organização de uma burocracia de serviços legitimam e sustentam a organização do tributo e a aceitação religiosa do rei por parte das antigas tribos. Davi funda uma dinastia, e o poder passará de pai para filho. O rei passa a ser o novo mediador entre Deus e o povo, para assegurar-lhe vida, liberdade e justiça (cf. 2Sm 7: a profecia de Natã).

A organização davídica estrutura-se num Estado claramente tributário com o rei Salomão. O tributo organizado afeta o estatuto da terra e da produção. A organização do tributo passa a ser o sustento da realeza e de suas empresas econômicas: um governo central (1Rs 4,1-6), a organização de prefeituras para arrecadar o tributo (1Rs 4,8-9), o desenvolvimento das finanças programadas (1Rs 4,7), o comércio na região do deserto e no mar (1Rs 10,1-13; 1Rs 9,26-28; 1Rs 5,24-27). A organização do exército e do trabalho público começa a impor a corvéia e a sustentar as grandes construções (palácio e templo, cf. 1Rs 9,15).

Essa nova estruturação teve conseqüências graves para a vida igualitária das tribos, nos planos econômico, político e religioso. O templo era a manifestação do poder e da glória do novo rei. A tradição atesta que o Estado salomônico tornou-se idólatra (o Estado pretende tomar o lugar do próprio Deus e destrói a vida e a liberdade do povo: cf. 1Rs 11). Com Salomão, começa novamente a história da ambigüidade do Estado e dos movimentos de resistência e de libertação que sustentam a vida do povo livre, sem dominação (cf. 1Sm 8,14-18: a crítica da realeza e do Estado dominador, colocada na boca de Samuel).

2.2. A história do reino do norte (Israel)

A história da libertação do povo aparece, logo depois de Salomão, com a resistência e a luta das tribos do norte, o reino de Israel, em torno de Samaria.

a) Um primeiro passo foi o "cisma", ou a divisão das tribos do norte (1Rs 12–14), que não quiseram submeter-se à nova dominação salomônica. Elas se separaram para ter sua autonomia econômica e religiosa. Esse primeiro período caracteriza-se por luta entre grupos dessas próprias tribos pela hegemonia do poder.

b) A segunda fase começa com Omri. Ele se impõe e assume o poder. Organiza uma nova cidade, Samaria, que será o centro econômico e religioso. Omri funda uma dinastia. Seu filho Acab casa-se com uma princesa fenícia, Jezabel, filha do rei-sacerdote de Tiro. Ela traz consigo para Samaria 450 profetas de Baal! Há um novo momento de grande dominação econômica, política e ideológica dos camponeses.

- A dominação econômica é ilustrada pela história da Vinha de Nabot (1Rs 21). A centralização econômica na Samaria começa a invadir a terra dos camponeses e a violar o sistema da "herança", que era peça fundamental no tribalismo. Os camponeses sofrem a perda das terras, a produção é afetada pela seca.

- A dominação ideológica está na imposição do deus Baal, por Jezabel e os 450 profetas que a rainha traz. Baal é o cimento ideológico da política de dominação da corte de Samaria e manifesta seu poder no monte Carmelo. Há uma composição entre os elementos "cananeus" e os elementos "javistas". O povo está mancando com "as duas pernas", diz Elias (1Rs 18,21). Surge a resistência camponesa, e suas figuras máximas são Elias e Eliseu. Defesa da justiça (1Rs 21: Vinha de Nabot) e volta à fé tradicional da liga das Doze Tribos igualitárias (1Rs 18–19). É uma luta ideológica para libertar o povo da dominação do Estado de Samaria.

c) A resistência camponesa, de certo modo, deu resultados. Eliseu nasce desse ambiente. Consegue incentivar um movimento de libertação. Jeú, porém, assume esse anseio popular e faz uma revolução, um golpe militar ambíguo (2Rs 9-10). Começa a instrumentalizar a própria fé em Iahweh para garantir o seu poder e o de seus capitães. Oséias viu muito bem a ambigüidade da revolução de Jeú (Os 1,4). Percebeu que aí começava nova manifestação da idolatria: utilização da própria fé em Iahweh para sustentar um Estado absoluto e dominador do povo. Esse tipo de idolatria está na raiz da corrupção interna do reino do norte e é causa de sua decadência, que o levará à destruição (cf. Os 4–5).

d) O reino do norte caminha para o seu fim (entre 745-722 a.C.). O aparecimento da Assíria na Palestina muda o rumo das coisas: conquista de territórios, tributação e exílio das populações conquistadas. O imperialismo assírio influi na economia e na política interna de Israel. A exploração dos pobres e a luta pelo poder aguçam o conflito social (Am 5,11-12; 8,4-7; Mq 2,1-2). Há crescimento da riqueza e da pobreza. A luta pelo poder leva Samaria à decomposição (Is 9,7-20; Os 7).

O final da história de Samaria é uma sucessão de traições e de assassinatos dentro da corte. O rei Oséias pagou regularmente o tributo ao rei da Assíria, Teglat-Falasar III, mas com a morte deste, em 727 a.C., pensou que poderia romper com o dominador, apoiado pelo Egito. A reação do novo rei da Assíria, Salmanasar V, vem com rapidez. Depois de um cerco de dois anos, Samaria foi tomada (722 a.C.), o rei Oséias foi levado preso e 27.290 israelitas foram deportados (2Rs 17,4-6). É o fim do reino do norte e o começo da história dos "samaritanos".

2.3. A história do sul (Judá)

O reino de Judá tem sua história centralizada na cidade de Jerusalém e na dinastia de Davi (2Sm 7,8-14). Desde o tempo de Salomão, funcionários levitas bem formados asseguravam a administração. Há várias reformas que visam solidificar a fundação do templo de Jerusalém e da dinastia de Davi. Lembramos três dessas reformas que possibilitam ver a história do Estado e sua relação com o povo.

a) Josafá: a continuidade da dinastia

Acab, do reino do norte (874-853 a.C.), continuou a política de seu pai Omri. Concluiu com Josafá de Judá (870-848 a.C.) uma aliança que foi selada pelo casamento de Atalia e de Jorão, filho de Josafá (2Rs 8,18.26). Essa política pretendia ser uma defesa contra a Assíria, que já fazia sentir seu perigo. Contudo, esse casamento quebrava a sucessão davídica. Com o golpe de Estado militar Jeú pôs fim à dinastia de Omri, mas esta continuou por sete anos em Jerusalém com Atalia: ela assume o poder em Jerusalém para evitar a expansão do golpe militar de Jeú contra o baalismo.

Em 835 a.C., o sacerdote do templo de Iahweh, Jojada, resolveu pôr fim à influência de Atalia e restabelecer a sucessão davídica. Com apoio da guarda real, faz entronizar, como rei, o jovem Joás. O longo reinado de Joás começou com reformas religiosas e administrativas que colocavam o reino sob a direção dos sacerdotes. Era um esforço por reafirmar a autoridade do templo e da dinastia de Davi (2Rs 12,5ss). No entanto, a luta pelo poder divide os grupos dentro da própria Jerusalém (2Rs 12,18-22). O reino de Judá, ao mesmo tempo, começa uma fase de enfraquecimento diante de Israel;

irá crescer economicamente, mas também entrar no processo de esfacelamento por suas contradições internas e externas. A decadência de Judá parece ser descrita em Deuteronômio 33,7ss.

b) Ezequias: a restauração do trono davídico (727-697 a.C.)

A mudança política que vai marcar o reino de Ezequias inspirou-se na terrível lição trazida pela queda de Samaria. Essa ruína fora preparada pela dissociação do sentimento nacional diante da Assíria e pela decadência da fé religiosa tradicional. O reinado de Acaz fora uma decadência política e religiosa que ameaçava a continuidade política e religiosa de Judá (cf. Is 3; 5). Acaz tem uma política que vai contra a pregação de Isaías (cf. Is 7).

Ora, essas mesmas causas agiam em Judá desde a política de Acaz. Para evitar a catástrofe era preciso nova política, oposta à de Israel. Espera-se que a libertação política venha com o novo rei (cf. Is 9,1-6: alusão à entronização de Ezequias?) e mediante restauração nacional, que não deve ser obtida por meio de alianças exteriores (cf. Is 28–31), mas por uma reforma interna. Essa reforma política e religiosa daria nova consistência ao reino.

Ezequias tentou essa política, apoiando-se na veemente pregação de Miquéias e de Isaías. Provérbios 25–27 apresenta uma reflexão sobre a necessidade de reforma da corte para restabelecer a "honra" do trono davídico (Pr 25,1-5; 26,1.8). Isaías almeja por uma renovação profunda de Jerusalém em decadência (Is 1,21-27).

A reforma de Ezequias está resumida em 2 Reis 18,4 (cf. 2Cr 29–31). A política nacional exigia medidas religiosas em três pontos: luta contra a idolatria e o sincretismo, restabelecimento do javismo puro no templo e esforço de centralização do culto pela supressão dos santuários idólatras.

O reinado de Ezequias foi ainda marcado pela sua recusa de pagar tributo à Assíria. Em conseqüência, Jerusalém sofreu o célebre ataque e o fracasso de Senaqueribe em 701 a.C. Esse acontecimento passou para a tradição folclórica e teológica como um modelo de libertação da cidade santa (cf. Is 36–39).

A história de Judá procurava sua estabilidade em torno do templo e do trono davídico. Isso lhe deu forças e continuidade, mesmo diante das ameaças do império assírio. Seu povo procura um caminho por meio do discernimento profético entre o poder do Estado e a defesa do direito dos pobres (Is 10,14; 1,7-17).

c) Josias: a nova concepção do Estado

Em 622 a.C., o rei Josias retoma a reforma de seu antepassado Ezequias. Seu reinado está no eixo da história da resistência dos camponeses e numa nova concepção e estruturação do Estado em sua relação com o povo

(2Rs 21-23). Ele reforça a liberdade nacional, suprime os cultos estrangeiros, tenta a unificação do norte ao sul, revaloriza a festa da Páscoa de tradição camponesa (cf. 2Cr) e faz uma reorganização em todos os níveis da formação social. A reforma deuteronomista é, de fato, um marco para a história do Povo de Deus. O código do Deuteronômio 12-26, resultado desse movimento, é como uma nova constituição que exprime a nova concepção de Estado e a tarefa do seu povo. Para compreender a reforma de Josias é preciso começar com o tempo da dominação do rei Manassés. Há dupla opressão: externa por parte da Assíria, e interna por parte da corte de Jerusalém.

O país vive quase meio século nessa situação. Há uma deterioração e desintegração da casa dos camponeses e do povo da terra. Nessa época, porém, forma-se um movimento de resistência contra essa opressão. O reflexo dessa resistência, que vem do campo (auxiliado por levitas, profetas e sábios), surge no texto de Provérbios 28-29: esperança num rei que irá assumir a causa dos pobres para libertar o país e firmar o trono na justiça (Pr 29). O campesinato começa a tomar consciência e a projetar uma libertação nacional (cf. Jr 5,4; 22,15). Os camponeses conseguem barrar a influência de Manassés. Dão um primeiro passo de libertação, suprimindo Amon, seu sucessor: o povo da terra coloca Josias no trono (2Rs 21,23). A reforma de Josias, dezoito anos depois, no entanto, não será pura continuidade desse movimento camponês. Esse movimento foi assumido e dirigido segundo os interesses de Jerusalém. A reforma está centralizada em Jerusalém, e aparece como reforma fiscal e religiosa pela centralização do culto em Jerusalém. É uma unificação de cidades do interior no centralismo da cidade de Jerusalém. Essa unificação do tributo e do culto tem repercussão em todos os níveis da sociedade. Josias procura assim valores camponeses (como a Páscoa; a guerra popular; o sistema jurídico no Portão das cidades). Sua reforma será então uma tentativa de unir novamente o campo e a cidade e sintetizar as tradições tribais (mosaísmo igualitário) e a tradição davídica (cidade de Jerusalém e o rei).

Contudo, em virtude do movimento camponês (Pr 29,1-14) e da pregação profética como Isaías 10,1-4 e Sofonias 2,1-3; 3,12-14, a reforma é, principalmente, uma estruturação do Estado, que se baseia na estruturação da defesa do direito dos pobres (Pr 29,7; Dt 14-15). O enfraquecimento da Assíria leva Josias ao projeto de refazer a unidade das tribos no norte e no sul, lutando contra a idolatria e firmando-se na fé em Iahweh com o culto centralizado em Jerusalém.

A relação entre a reforma de Josias e o Deuteronômio (12.26.28) vem do paralelo entre as medidas tomadas e as atitudes do rei: surge um projeto de leis das cidades em torno da cidade de Jerusalém, lugar do templo e da dinastia de Davi.

- Há tentativa de centralização pela luta contra a idolatria (Dt 12–13) e pela defesa do direito dos pobres para que o povo seja de fato o "filho de Deus", sem nenhuma marca de idolatria (Dt 14–15).
- O projeto de estruturação do Estado aparece em Deuteronômio 16–18 e 19–26. Ele está assentado e articulado pelo princípio da divisão dos poderes. Na base, os juízes asseguram a prática da justiça (Dt 16; 21); os sacerdotes do interior passam a ser subordinados aos de Jerusalém. A função do profeta — novo Moisés — toma grande vulto para a vida do povo (Dt 18,8-22). É nessa divisão dos poderes que se garante a manutenção da justiça e da solidariedade expressas pela Lei de Iahweh, para que "Israel" possa reproduzir o modelo da Assembléia do deserto e ser um "povo sábio" (Dt 4,10; cf. Dt 4–5).
- Nesse contexto, a lei do rei (Dt 17,14-20) exprime a tentativa de síntese entre o "mosaísmo" e o "davidismo":

a) vigilância contra o modelo salomônico de Estado opressor e dominador;

b) obediência à Lei de Iahweh como limite e critério para o exercício do governo;

c) igualdade e solidariedade do rei "irmão" do povo: ele não pode ser estrangeiro. É irmão entre irmãos. Deve ser administrador e israelita exemplar. Com isso, desmonta-se uma estrutura de concentração do poder e uma falsa sacralização do rei e de seus poderes (cf. Pr 25,1-5; Sl 20–21).

- Em Provérbios 14,26–16,15, há uma tentativa de resumir esse programa na perspectiva dos sábios.

d) O fim do reino de Judá

Após a reforma, e com a morte de Josias em 609 a.C., o reino de Judá também caminha para o seu fim. Jerusalém será destruída em 587 a.C. pelos ataques do império neobabilônico (2Rs 23–24). É momento de grande crise pela destruição da cidade, do templo e do trono de Davi (cf. Sl 89; Lamentações de Jeremias). Fica em Judá o povo da terra, com sua camada mais pobre (2Rs 24,14).

A vida de Judá prosseguiu. Seu centro político eram Masfa (lugar do novo chefe Godolias: cf. Jr 40–42) e o santuário de Betel. Há uma pequena tentativa de administração e até projeto de restauração política. Os "judeus" procuram defender suas terras dominadas e ameaçadas pelos povos vizinhos (cf. Abdias). No entanto, há esperança de restauração da "vinha" (cf. Sl 80) e das "tendas de Jacó". Essa esperança espelha-se no "Livro da Consolação de Jeremias" (Jr 30–31), cuja origem podemos colocar entre os "judeus de Masfa". Os exilados na Babilônia serão também fator importante na restauração do povo (cf. Jr 29; Ez 33 e 44).

3. A COMUNIDADE RELIGIOSA (587-63 A.C.)

A última etapa da história do povo desenvolve-se na época persa e na época grega. A dominação persa foi inteligente e eficaz, mas não abafou a resistência popular (cf. Ne 5) e levou à organização da comunidade, colônia do império, em torno do templo, dos sacerdotes e da liturgia, suscitando sempre um espírito de resistência profética em favor da ação do Espírito no povo (cf. Jl).

3.1. A dominação persa

O sistema tributário passa por mudança substancial com a nova estratégia de dominação persa: liberdade cultural numa estrita dominação econômica e política. Os persas permitiam autonomia local, liberdade de culto, mas mantinham o poder por um grande sistema de comunicação, de vigilância e de espionagem. O poder político e administrativo ficava sempre na mão dos persas. A dominação persa foi mais sutil e mais eficaz. Essa política econômica trouxe conseqüências para o templo, para a organização da população da terra e para os que voltavam do exílio na Babilônia.

A estrutura da "Judéia", primeiro como parte da quinta satrapia persa (transeufratênia = além do Eufrates), subordinada à Samaria, e, depois, como província autônoma a partir da missão de Neemias, era uma "comunidade de aldeias com suas casas dos pais em torno do templo de Jerusalém". Esdras 2 e Neemias 7 dão uma lista dessas "casas", que são a base social fundamental da nova estrutura (a sucessão dos acontecimentos é aqui apenas esquematizada!):

a) Há um período de restauração (538-515 a.C.) com Sassabasar e Zorobabel, com a atividade profética de Ageu e de Zacarias 1–8.

b) Depois do fracasso de Zorobabel, há um período de grande crise, que é documentado pelo livro de Malaquias (515-458 a.C.).

c) Neemias tem por missão organizar a "autonomia" da província de Judá dentro do sistema persa. Ele procura atender aos clamores do povo e reorganizar o culto de maneira justa (Ne 5; 13).

d) Esdras vem como emissário persa, em 398 a.C. Sua atitude é mais rigorosa: edita a Lei, organiza os sacerdotes e a liturgia. A vida do povo é compreendida por sua obediência à Lei e pela vida litúrgica do templo, chefiada por uma "hierarquia" sacerdotal (sumo sacerdote, sacerdotes e levitas; cf. Nm 14–18).

Essa estrutura de vida permanece durante todo o tempo da dominação persa. Há uma luta entre espírito "pragmático" (centralizacão do poder, organização das estruturas e do culto) e espírito "profético" (liberdade popular, esperança messiânica, esperança na ação do Espírito e vinda do Reino de Deus; cf. Mq 4–5; Jl; Zc 9–14; Sl 93–99).

3.2. A dominação grega

Em 333 a.C., Alexandre Magno (cf. 1Mc 1,1-6) conquistou o Oriente Médio. Sua passagem pela Palestina deixou eco na esperança dos pobres, cuja memória e cujo projeto foram recolhidos e anunciados por Zacarias 9–11 e pelos Salmos 29 e 72. O novo imperador procurou espalhar e implantar a cultura grega por meio da guerra programada e da organização econômica e pela imposição dos costumes gregos.

Depois da morte de Alexandre, seu império foi dividido em quatro. O Egito e a Síria serão os dois impérios que influenciarão a vida do povo na Palestina (Daniel 10–11 resume os acontecimentos políticos). Ptolomeu I Soter, do Egito, reorganiza a economia e começa os primeiros passos do sistema econômico escravista. O livro do Eclesiastes reflete sobre a profunda crise que tais medidas trouxeram para a vida do trabalhador e para sua fé (cf. Ecl 5,7-10): qual o valor do trabalho e qual o sentido da vida do trabalhador? Há um grande empobrecimento em Jerusalém, que é vista como a cidade "refúgio dos pobres" (Apocalipse de Isaías, em Is 24–27; Sl 68; Zc 12–14).

Em 167 a.C., o rei Antíoco Epifânio IV (de Antioquia, na Síria) começa uma perseguição ativa contra os judeus. O conflito cultural, político e econômico torna-se agudo. Há conchavos políticos e perseguição, e muitos mártires que resistem a esse tipo de dominação (cf. 2Mc 5–7). Uma resistência organizada e ativa começa com os camponeses, por meio da família do sacerdote da roça: Matatias da cidade de Modin. Começam a resistência e a luta dos Macabeus para reconquistar a liberdade do povo. Esse movimento de libertação nacional marca a história até o aparecimento de Roma, que instaura sua dominação a partir de 63 a.C. Terminamos aqui, porém, este rápido esquema.

A época dos Macabeus é momento de resistência popular e de grande fermentação política e ideológica:

- O livro do Eclesiástico procura fazer uma síntese sobre a vida da casa judaica nesse contexto de dominação política e cultural, cerca de 180 a.C.
- O gênero apocalíptico floresce; é a expressão da resistência e da luta dos oprimidos diante de impérios poderosos e idólatras. O livro de Daniel é o exemplo da esperança no sentido da luta de libertação e é "negação da dominação idólatra"

(Dn 2; 7). É fortalecida a esperança na ressurreição dos mártires contra seus opressores (Dn 12; 2Mc 7). Espera-se a vinda do Reino de Deus através da figura do Filho do Homem que reunirá o Povo de Deus, o povo dos santos.

- A época dos Macabeus é a porta imediata para compreender a "Palestina no tempo de Jesus de Nazaré", sua pessoa e sua prática em favor dos pobres e dos oprimidos, pelo anúncio do amor do Pai e da vinda do Reino de Deus (Mc 1,14-15; 10,45; Lc 4,16-21; Mt 5–7; 11), que reúne o povo dos pobres.

4. A PROMESSA DE DEUS AO POVO

Essa leitura rápida das etapas da libertação do povo deve ser um convite para o discernimento da presença de Deus e de sua ação na história. A história do povo é a história da revelação da Promessa e da Palavra de Deus: ele vem para libertar e comunicar seu Espírito de liberdade e de amor e para destruir as estruturas de dominação e formar a vida de um povo, livre e solidário.

Indicamos apenas o espírito da leitura das três grandes partes da Bíblia hebraica: a *Lei*, os *Profetas* e a *Sabedoria*. São os três aspectos pelos quais a Palavra de Deus se "encarna" para sustentar o discernimento e a esperança de seu povo.

4.1. A Lei: Pentateuco

A primeira parte é o livro da Lei. Nela o povo encontra sua identidade e sua esperança. A Lei nasceu das lutas e das experiências de libertação do povo no decorrer de sua história. Os Patriarcas e Moisés são os eixos para compreender seu sentido e seu apelo para a vida de um povo livre e solidário.

- O centro da Lei está na manifestação do Deus Vivo na história da libertação do seu povo. A figura central é Iahweh: o Deus Vivo que liberta e dá vida. Ele começa a manifestar-se na vida dos Patriarcas e revela-se no ato de libertação, por ocasião do Êxodo. Os pontos centrais para o discernimento de fé na presença libertadora de Deus foram sintetizados em Gênesis 12 e 15 e em Êxodo 3; 6 e 19.
- A Lei é manifestação do Deus que vem libertar, partindo dos oprimidos e dos pobres. A característica das leis, em Israel, é que elas nascem "debaixo". Não visam sustentar a estrutura de dominação do Estado: visam defender o direito do pobre, do órfão, da viúva e do estrangeiro. Esse "espírito" inspira e dinamiza o Decálogo e os diversos Códigos do Pentateuco. A Lei assim vista manifesta o julgamento de Deus para libertar

e reunir o seu povo, pela manifestação de sua justiça e misericórdia (Ex 22,18-31).

4.2. Os Profetas: história e profecia

O livro dos Profetas engloba os livros históricos e os livros que conservam a luta e a palavra dos Profetas. Aqui também deve-se perceber o "espírito" dessa denominação: a profecia é ação da Palavra de Deus na história do seu povo.

- Os livros históricos são uma crítica da idolatria do Estado e um incentivo à resistência e à luta do povo por sua libertação para viver na liberdade e na solidariedade que Deus quer. Exemplo típico é a história dos reis: no centro estão a luta e a fé profética de Elias, como uma luz para discernir o processo histórico por meio da luta pela justiça e pela fé em Iahweh.
- A mensagem dos profetas, também compilada em diversas épocas, é manifestação de sua fé no Deus Vivo que vem. Essa fé encarna-se numa crítica à sociedade e ao Estado idólatra. Essa crítica tem seu eixo na defesa do direito dos pobres e no convite para viver a vida do Povo de Deus, na esperança da vinda do seu Reino.

4.3. A Sabedoria: os sábios

A Sabedoria nasce da vida do povo. Os sábios fazem um discernimento do sentido do trabalho livre e da vida comunitária. A Sabedoria é discernimento da vida pública que tem por base a "casa dos pais", o "trabalho" e a organização política.

- O livro dos Provérbios é uma coletânea dessa Sabedoria, que também nasceu em diversas etapas. No centro estão a proclamação do Deus vingador dos pobres (Pr 23,11) e a exortação para viver com a Sabedoria que se encarna na "casa", na figura da Mulher-Sabedoria (Pr 9 e 31).
- Seria necessário continuar a ler nessa mesma linha os outros sapienciais (Jó, Salmos, Cântico dos Cânticos, Eclesiastes, Eclesiástico, Sabedoria). Contudo, essa literatura mostra-nos ainda como se faz a ligação entre a Escritura judaica, ou a Bíblia hebraica, e o Novo Testamento. Os sábios mostram que a Sabedoria é a Lei, e esta plantou a sua tenda em Israel para reunir o povo (Eclo 24; 36). Entretanto, o Novo Testamento, expressão da fé cristã, dirá que a Sabedoria é Jesus de Nazaré, o Filho de Deus Salvador. Ele é cheio de graça e de Verdade e revela o Pai que é o Deus do Êxodo, da Liber-

dade e da Vida (Jo 1,1s). Ele é a Palavra que plantou sua tenda no meio de nós (Jo 1,14).

4.4. Jesus: plenitude do processo histórico

Essa manifestação da Palavra como Lei, Profecia e Sabedoria indica-nos ainda que lemos a Bíblia hebraica para entender o sentido da missão e da prática de Jesus, porque ele é o centro e a plenitude do processo histórico. É o Filho de Abraão e o Filho de Davi, como diz Mateus em sua genealogia de Jesus (Mt 1,1-17). Veio para realizar as profecias de libertação dos pobres (Lc 4,16-21; Is 61), entrando em Jerusalém como o rei pobre (Mt 21,5; Zc 9,9s), e para ser o Servo que resgata e liberta pelo seu serviço (Mc 10,45), porque é o Filho do Homem que destrona os impérios e comunica a vida no Reino de Deus (Mc 9,1ss; Dn 7). Ele é a Palavra que comunica o Espírito que faz viver a vida de filhos de um mesmo Pai. Revelou o seu nome (cf. Jo 17,1-5; Ex 3,14-15), porque antes que Abraão existisse ele existe no seio do Pai (Jo 8,56-57).

Resumindo

• *A História do Povo de Deus é condicionada pelo sistema econômico. A arrecadação do tributo dos camponeses por uma classe dominante da cidade estrutura as etapas da história do povo: as tribos, o Estado monárquico, a comunidade religiosa pós-exílica.*

Perguntas para reflexão e partilha

1. Como você explica as origens de Israel e a unificação das Doze Tribos num sistema igualitário (Ex 1,11; Js 24)?
2. Como o estado monárquico foi organizado com base na arrecadação do tributo (1Rs 4-5)?
3. Como a comunidade religiosa pós-exílica se organiza em torno da Lei, do Templo e da esperança messiânica?

Bibliografia complementar

DONNER, H. *História de Israel e dos povos vizinhos*; dos primórdios até a formação do Estado (v. 1). Da época da divisão do Reino até Alexandre Magno (v. 2). Petrópolis, Vozes, 1997.

GOTTWALD, N. *Introdução socioliterária à Bíblia hebraica*. São Paulo, Paulus, 1990.

Capítulo quarto

ALIANÇAS DE IAHWEH COM AS MINORIAS

Rafael Rodrigues da Silva

A Aliança de Deus com o povo de Israel, além de ser um dos eixos fundamentais que atravessam toda a Escritura hebraica, tem características e marcas teológicas diferenciadas. Por um lado, ela condensa e exprime o sentimento do Israel escolhido por Deus e, por outro, é apresentada pelas tradições como momento decisivo na caminhada e na constituição político-cultural do povo de Israel. Por isso, na caminhada desse povo, a teologia da Aliança está presente nos momentos decisivos que implicam mudanças dos rumos da sociedade, e por meio dela podemos perceber a leitura que o povo de Israel faz da sua história. São as duas faces de uma mesma moeda.

A Aliança como compromisso histórico de Deus com os pequeninos, com a justiça e com a solidariedade vai exigir fidelidade e observância do povo no seu caminhar e, ao mesmo tempo, suscitará uma profunda reflexão acerca das descobertas do rosto deste Deus encarnado e comprometido. Eis a teologia da Aliança. Reflexão sobre a presença de Deus e o desejo do povo de ser fiel. Essa teologia terá marcas e características diferentes na caminhada e na história do povo de Israel.

A Aliança destaca-se nos textos que compreendem a Torá, como podemos perceber numa rápida leitura. Também tem presença fundamental na releitura realizada pelos profetas e na reflexão teológica dos sábios. Nesse sentido, tentaremos abordá-la nos pontos importantes da história de Israel e Judá, bem como na produção literária que tais textos nos legaram, expressando com sagacidade e vivacidade as diversificadas e ricas experiências de revelação que foram adquirindo e transmitindo no decorrer dos tempos. O pacto de Iahweh com o seu povo, refletido sob as lentes da história e perscrutado pelas mãos e pés das minorias em Israel e Judá, transforma-se em um grande mosaico. Muitas Alianças a desenhar dentro da história e a partir das memórias. Compromisso de Iahweh com as minorias.

1. A ALIANÇA COM OS PAIS E MÃES EM ISRAEL

A teologia da Aliança percorre toda a tradição dos pais e mães de Israel. Na reflexão da Torá acerca das origens de Israel, encontramos três Alianças. A primeira, que é estabelecida com Noé (*Eu estabeleço a minha Aliança com vocês e com seus descendentes* — Gn 9,9), tem como fator primordial o fim dos homens malvados e opressores. O relato de Gênesis 6–9 diz claramente as condições para que a Aliança aconteça: 1. Deus arrepende-se de haver feito o homem; 2. diante da resolução divina de pôr fim aos perversos e maldosos, um homem justo, íntegro e que andava com Deus encontra graça; 3. a exigência de algumas ações, tais como *frutificai-vos e multiplicai-vos* (Gn 8,17; 9,1.7) e o não-derramamento de sangue (Gn 9,4-6); 4. o grande sinal-memorial da Aliança e do fim das destruições através das águas: o arco nas nuvens.

A segunda é estabelecida com Abraão (Gn 12–25), que caminha na busca (ao menos na perspectiva de se ter certezas) da realização das promessas. Possuir a terra, ter filhos, formar um clã e ter uma vida digna, feliz e abençoada são símbolos do cumprimento da Aliança. A caminhada de Abraão, Sara, Isaac, Rebeca e de muitos da tradição patriarcal acontece em vista da realização das promessas de terra, povo e bênção. Se com Noé o sinal está no arco-íris, com Abraão terá diferentes marcas, dependendo do grupo que irá transmiti-lo: a geração e o nascimento do filho, a mudança do nome, um crescimento comparável às estrelas do céu, a circuncisão ou os sacrifícios.

A terceira se dá com Jacó, que toma e seduz o irmão para entregar-lhe a primogenitura (Gn 25 e 27). No entanto, o relato em Gênesis que procura descrever a Aliança com Jacó é a luta entre ele e o anjo (Gn 32,22-32). Nesta luta, nosso patriarca sai mancando da sua coxa, e daí o seu nome passa a ser Israel, que significa "Deus lutará".

A teologia da Aliança descrita nos contos acerca da experiência e do jeito de organizar a vida (casos no cotidiano de Noé, Abraão, Sara, Ismael, Isaac, Esaú e Jacó) corresponde ao teologizar dos séculos VII e VI, formulado no contexto de dominação dos impérios assírio e babilônico. Nessa conjuntura, o povo de Israel e Judá caminha em busca da reformulação e da resignificação das promessas e certezas do passado. Por isso, é de suma importância a promessa da terra interligada com a promessa de filho, a mudança dos nomes, os sinais de purificação e as regras sacrificiais.

2. A ALIANÇA NA CAMINHADA DE LIBERTAÇÃO

A Aliança de Deus com os hebreus e as hebréias no contexto da dominação egípcia necessariamente nos remete para uma releitura da promessa de Deus a Abraão, Isaac e Jacó. Releitura implica um olhar para os acontecimentos do passado mesclados com os fatos do cotidiano e da vida presente. A Aliança no Êxodo representa a mais bela releitura da promessa em meio a uma situação de dura servidão e opressão. A perícope que introduz o grande relato teológico do livro do Êxodo (Ex 3,1-20) encontra-se em 2,23-25:

> Muito tempo depois, o rei do Egito morreu. Os filhos de Israel gemiam sob o peso da escravidão, e clamaram; e, do fundo da escravidão, o seu clamor chegou até Deus. Deus ouviu as queixas deles e lembrou-se da aliança que fizera com Abraão, Isaac e Jacó. Deus viu a condição dos filhos de Israel e a levou em consideração.

Na ação de Deus estão refletidos os sinais da Aliança, pois Deus não só escolheu o povo, mas também o seu projeto de libertação se dá no experienciar (viu, ouviu e conheceu) os gemidos, os gritos e os lamentos do povo oprimido e massacrado pelo faraó.

Outra releitura importante encontra-se em Êxodo 6,2-8. Eis alguns aspectos: 1. Iahweh é apresentado como um Deus que não fora conhecido por esse nome a Abraão, Isaac e Jacó; 2. a Aliança com os pais consiste na promessa de posse da terra de Canaã; 3. o ouvir os gemidos dos filhos de Israel é lembrança e memorial; 4. o pacto está alicerçado em três pilares: tirar o povo debaixo das cargas do Egito, libertá-lo da servidão e resgatá-lo com braço estendido e na justiça.

3. A ALIANÇA E A POSSE DA TERRA DA PROMESSA

A entrada na terra prometida como realização da Aliança entre Deus e o povo é descrita nos livros de Josué e Juízes e direcionada pelas leis deuteronômicas sob sete eixos:

3.1. A posse da terra e a Aliança dos empobrecidos

O livro de Josué relata-nos a posse da terra com base no relato da tomada e do cerco de Jericó (Js 2 e 6). Nesse relato, encontramos um acordo estabelecido entre os grupos explorados pelas cidades-estados cananéias. Raab, uma mulher prostituída, esconde os espiões de Josué e engana os guardas do rei. Além disso, Raab também ocultou parte de sua produção, pois no telhado onde acobertou os homens escondia os feixes de linho (Js 2,1-6). A ação de Raab é determinada pela memória e pela lembrança dos feitos de Iahweh para libertar os hebreus do Egito. O sinal da Aliança de Raab com os enviados de Josué tem uma grande aproximação com a ação de Deus para com os hebreus no contexto da morte dos primogênitos. Se no relato do Êxodo os hebreus deveriam marcar os umbrais de suas casas com o sangue do cordeiro, no relato de Josué 2 e 6 Raab deveria atar um cordão de fio escarlate na janela de sua casa. Sinais semelhantes e opções correspondentes, pois o pacto exige fidelidade de ambas as partes. A casa de Raab é espaço de salvação e livramento para todo o seu clã.

3.2. Aliança capaz de expulsar os "habitantes da terra"

Em uma leitura atenta do livro de Josué, percebemos nos acordos entre os grupos empobrecidos na cidade uma contraposição aos "habitantes da terra", que, nesse contexto, são uma referência aos governantes, "aqueles que se sentam no trono". Assim, a conquista da terra tem tudo a ver com a derrubada dos reis e daqueles que controlavam a produção. A Aliança dos hebreus empobrecidos e o projeto de Iahweh rumo à posse da terra prometida implicam a conquista de uma terra libertada e distribuída livremente aos camponeses. No capítulo 12 do livro de Josué, encontramos uma listagem de reis derrotados, demonstrando que o problema não são os cananeus (como povo), mas os reis e as cidades. Esta e outras listagens dentro do livro querem descrever que, para distribuir a terra (sorteio), faz-se necessário derrotar os reis que a controlavam.

3.3. Aliança no sorteio da herança

Os capítulos 13 a 24 do livro de Josué abordam um dos princípios para a posse da terra da promissão: a concepção da terra. Aliás, a compreensão da posse da terra (herança) é primordial para se entender a Aliança com Iahweh, que é confirmada no projeto de uma sociedade diferente. A economia de subsistência das tribos de Israel, determinada por um projeto de partilha e pela organização em defesa da colheita, fez aos poucos a economia dos reis e do faraó do Egito ruir. Nesses capítulos, encontramos uma série de listas (inventários de fronteiras, de cidades e de regiões) e anais de lutas, conquistas e ocupações de cidades. O projeto econômico da partilha da terra (o sorteio da herança) aí descrito aponta para algumas questões: há muitas terras a conquistar (possuir), muitos reis e "governantes da terra" por expulsar e muitos conflitos entre as tribos a serem solucionados. Por isso, essas listagens e esses inventários são concluídos com um discurso de despedida de Josué (Js 23) que acentua, por um lado, a posse da terra como ação e peleja de Iahweh em defesa do seu povo e, por outro lado, a grande condição para a posse da terra, que consiste no guardar e fazer tudo quanto está prescrito na lei de Moisés. Nessa perspectiva, podemos ler as leis de posse da terra nos livros do Deuteronômio e Números.

3.4. A Aliança e as leis em defesa do camponês empobrecido

A vivência do pacto tribal depende da fidelidade ao projeto econômico e às leis na organização da vida em sociedade. Numa leitura dos conflitos presentes no livro dos Juízes, podemos dizer que a Aliança depende também das lutas em defesa da terra e do pão. Leis e lutas a confirmam, porém sua garantia está na peleja de Iahweh em favor do povo. Nessa perspectiva é que devemos percebê-la nos livros do Deuteronômio e Juízes.

Entre as muitas leis em defesa dos direitos dos empobrecidos presentes no livro do Deuteronômio, apontaremos duas que brotam no cotidiano de camponeses e camponesas: *Quando você entrar na vinha do seu próximo, pode comer à vontade até ficar saciado, mas não carregue nada em seu cesto. E quando entrar na plantação do seu próximo, pode arrancar as espigas com a mão, mas não passe a foice na plantação do seu próximo* (Dt 23,25-26). Duas leis que se correspondem pela formulação (podemos encontrar outra lei semelhante em Dt 24,18-22) e pelo conteúdo. Se entendermos essas leis (Dt 23,25-26 e 24,18-22) como um conjunto, perceberemos que os endereçados são os protegidos de Iahweh, a saber, os estrangeiros, os órfãos e as viúvas, os levitas, os escravos, as escravas e os pobres. Essas leis partem em defesa dos grupos que estão sendo gradativamente colocados nos porões da escala social. Nesse sentido, podemos ver que nossas duas leis estão preocupadas com a grande fome que assola os protegidos de Iahweh. O direito de comer das uvas do vizinho e de entrar na seara do vizinho e arrancar espigas com a mão demonstra que a Aliança de Iahweh com o povo prescreve dois princípios: os famintos têm o direito de comer, e a sobrevivência está acima da propriedade. Contudo, essas leis apresentam o outro lado da moeda: não poderás carregar as uvas no teu vaso e não poderás mover a foice sobre a seara do teu vizinho. Essas proibições e esses limites querem evitar o roubo e o saque da produção. É preciso perguntar, em meio a uma sociedade que gera gradativamente os empobrecidos, quem são os que andam roubando e saqueando a produção dos vizinhos (próximo). Numa sociedade desigual, em que a terra transforma-se em propriedade e comércio, é que devemos perceber esses interditos. São proibições que brotam das lutas dos camponeses contra o Estado tributário (saqueador da produção e da sobrevivência dos clãs).

3.5. A Aliança e as lutas em defesa da produção e da terra

No livro dos Juízes, em seu mais antigo texto, o Cântico de Débora (Jz 5), deparamos com a descrição da ação de Iahweh em defesa da colheita e a organização do exército popular-tribal em defesa da produção ameaçada pelas investidas saqueadoras dos reis de Canaã. Esse poema comemora a vitória de algumas tribos contra uma coalizão de reis cananeus. De um lado, as tribos lideradas por Débora e Baraque e, de outro, os reis e seus exércitos que vêm com carros de combate (Jz 5,22 e 4,3.13). Eis a ótica e a espiritualidade do campesinato dominado. A defesa do produto vem acompanhada da defesa da Aliança com Iahweh (no v. 23 fala-se do "vir em auxílio de Iahweh"). O vir em auxílio de Iahweh expressa que a vitória contra os reis cananeus se deu por meio da organização de Débora, da valentia dos guerreiros e da presença de espírito e sagacidade de Jael. No entanto, a poesia de Juízes 5 também atribui a vitória a Iahweh, pois até os céus entraram na luta. Essa poesia evidencia a presença das estrelas na luta e na peleja (v. 20), assim como a da torrente Quisom, que participa da luta, arrastando os inimigos (v. 21) e atolando os carros de combate (v. 22). Iahweh, Deus do Sinai e de Seir, deixa de ser a divindade de uma localidade e passa a ser adorado não só como Deus criador, mas também como Deus atuante na história política e militar de um povo: o "Iahweh do Sinai" passa a ter um "povo de Iahweh". A teologia da Aliança, como defesa do projeto tribal, evidencia Iahweh como Deus da história e defensor dos enfraquecidos. As justiças de Iahweh estão presentes em suas ações históricas e em suas opções sociais.

3.6. A Aliança e os juízes libertadores e administradores da justiça

O enfrentamento dos conflitos econômicos e político-sociais, interna e externamente, é liderado pelos juízes, que são classificados pelo livro dos Juízes como libertadores e como administradores da justiça. Os juízes libertadores são ocasionais e transitórios. Estão inseridos nas lutas contra os reis das cidades-estados e povos vizinhos. Os juízes administradores da justiça são permanentes e estão presentes nas tentativas de resolução das rixas e contendas no cotidiano das tribos e clãs. A dinâmica de enfrentamento dos conflitos apresentada pelo livro dos Juízes segue o seguinte roteiro: Iahweh age em favor do povo oprimido (libertando-o); os filhos de Israel fazem mal aos olhos de Iahweh, deixando-o e seguindo outros deuses; Iahweh fica irado e os entrega nas mãos de seus inimigos (os saqueadores e os roubadores); Iahweh suscita juízes para livrá-los das mãos dos roubadores. Esse roteiro perpassa o livro dos Juízes e apresenta a característica dos juízes como libertadores suscitados por Iahweh. Os sinais do pacto e a concretização do projeto de partilha, de vida clânica, de solidariedade e de herança dependem da ação libertadora dos juízes. Interessante que uma situação de bem-estar dá motivos para cair na tentação do poder — Iahweh, que foi abandonado, por sua vez, abandona seu povo e o entrega, conseqüentemente, às mãos dos invasores. No arrependimento, o povo volta-se a seu Deus e este, por meio dos juízes, liberta-o e devolve-lhe o bem-estar. Dos problemas internos aos mais variados impasses, Iahweh suscita libertação e demonstra que as tribos souberam superar as dificuldades.

3.7. A Aliança e o enfrentamento aos abusos de poder

A quebra do acordo com Iahweh é esboçada nas tentativas de institucionalização do reinado. Do livro dos Juízes a 2 Samuel, encontramos muitas narrativas que avaliam e criticam o reinado como a grande quebra da Aliança e provocador da grande crise que o povo viveu: o exílio da Babilônia. Uma dessas narrativas aparece em Juízes 9, na tentativa monárquica de Abimeleque. Os versículos 1 a 7 descrevem as tentativas e o projeto de Abimeleque para conquistar o poder: lança sua candidatura junto aos irmãos de sua mãe em Siquém; apresenta um desafio e questionamento aos irmãos de sua mãe: é melhor o governo de setenta (tribalismo) ou o governo de um (monarquia)?; candidata-se utilizando argumentos de parentesco (sou irmão vosso!); consegue financiamento (setenta peças de prata do templo de Baal-Berite); com as pratas aluga homens desocupados para formar seu exército; e, por fim, mata os oponentes. Eis o projeto de Abimeleque! Eis que a monarquia é o fim do tribalismo e da Aliança de Iahweh com seu povo. Nos versículos 8 a 15, os redatores ilustram a narrativa dos feitos de Abimeleque com a parábola das árvores, que, entre outras críticas, diz que o campesinato (quem produz) não quer monarquia, pois esta é projeto dos que sabem produzir dor para o povo. A monarquia é projeto de espinheiros!

No final do livro de Juízes, aparece a narrativa da mulher do levita que é violentada, abusada e esquartejada (Jz 19–21), o que demonstra que a quebra da Aliança está presente no fim da prática de hospitalidade. Melhor dizendo, a prática da hospitalidade nos clãs e nas tribos vai aos poucos sendo substituída, dentro do sistema monárquico, pela desmesurada violência.

Enfim, esses sete eixos levam-nos a considerar que o projeto de Iahweh é socialmente justo e teologicamente voltado para o Deus que age na história. Levam-nos a entender cada vez mais que o Israel pré-estatal é constituído, antes de tudo, pelos contingentes oprimidos que provocaram uma revolução social interna. Revolução esta que deu origem às tribos de Israel que habitam nos morros até então pouco povoados. A certeza da presença forte da mão de Iahweh faz brotar o projeto tribal como origem de Israel, fermento crítico e memória profética.

4. A ALIANÇA E A PROFECIA

Mais adiante, ao estudarmos os profetas, veremos como a profecia tem características diversas. De profetas visionários a profetas oraculares. De profecias do cotidiano a profecias que apresentam uma profunda análise da conjuntura política e socioeconômica. Além disso, a profecia vai tornando-se em Israel a voz em defesa dos empobrecidos e a voz de Deus que julga os opressores e quer a libertação de seu povo.

No entanto, refletir a teologia da Aliança nos círculos e nas comunidades proféticas necessariamente nos leva a olhar com atenção para os projetos monárquicos e as tentativas dos reis de plantão de se tornarem donos da teologia, do projeto religioso e, sobretudo, da Aliança de Iahweh com seu povo.

Desde os inícios da monarquia, a relação de Deus com o povo é intermediada pelos reis, pois são consagrados e ungidos pelo espírito de Iahweh. A unção do rei tem marcas messiânicas. O principal aprisionamento da teologia da Aliança nos interesses monárquicos tem seu início na figura do rei ungido e escolhido por Iahweh e, por conseguinte, seu desfecho reside nos interesses do Templo de Jerusalém. Vários textos atestam para a glorificação da monarquia. Exaltam a figura do rei, principalmente o rei Davi, escolhido, ungido e um dos preferidos na história de Israel e de Judá. O davidismo faz escola ao determinar a leitura da história, as expectativas e as esperanças messiânicas (como podemos observar em 2Sm 7,8-16 e no Sl 89, vv. 4-5: *Selei uma Aliança com meu eleito, jurando ao meu servo Davi: vou estabelecer sua descendência para sempre, e de geração em geração vou construir um trono para você*).

No entanto, a marca da profecia na leitura do reinado se faz notar pela visão crítica que os componeses e o deuteronomista apresentam da monarquia de Israel e Judá. Para eles, a monarquia é um projeto político falido. Uma das facetas da historiografia deuteronomista está na leitura avaliatória que parte da conjuntura do exílio. O deuteronomista avalia para aguçar a esperança por mudança e por um novo modelo de sociedade. Experienciou-se que o reinado trouxe exploração, miséria e quebra do projeto de Iahweh; por isso, é necessário recuperar a Aliança partindo da teologia da volta a Iahweh. Essa teologia implicou uma profunda redescoberta da antiga fé.

Para um olhar crítico da monarquia em Israel e Judá, mesmo que pintada e desenhada como bela e voltada para os interesses do povo e da Aliança, é preciso revisitar os textos pela ótica da profecia. Atentemos para alguns textos em tons proféticos.

No início do livro de 1 Samuel, temos o Cântico de Ana (2,1-10), que apresenta uma mediação profética para a monarquia. Os textos narrativos de 1 e 2 Samuel giram em torno de Davi e procuram, ao descrever Davi como guerreiro, líder carismático, valente, amigo e escolhido de Iahweh, apresentá-lo como uma tentativa de assegurar a Aliança. O Cântico de Ana (1Sm 2) é uma conceituação da história do reinado desde a ótica do pobre (2,8). É um cântico messiânico que aparece em tensão com a concepção de um reinado duradouro, pois não ressalta o poder do rei e não lhe dá um sentido contínuo (como podemos ler em 2Sm 7,13: *estabelecerei para sempre o trono do seu reino*). É uma busca cheia de expectativa na mudança (vv. 4-7) e na vitória dos pobres (v. 8).

Nos capítulos 1–3 de 1 Samuel, encontramos essa esperança de salvação na boca de uma mulher sofrida (Ana) e de um profeta consagrado (Samuel) que aposta na utopia. Ana cantou, rezou e encantou com seu messianismo atolado no presente ou, melhor dizendo, com os pés fincados no presente. Eis um canto que lança o olhar no porvir e cultua a ardente espera do poder do ungido. Ana, mulher estéril e, como tal, um lixo qualquer. Seu messianismo, sua fala e suas esperanças brotam do reverso da história, do fundo do poço. Brotam do lixo. Messianismo que caminha na luta pela derrocada dos poderosos, dos adversários e dos fortes; que fala com alegria de criança do destino de seus opositores; que denuncia essa gente violenta, saciada e sem-vergonha que cria a miséria (empobrecimento) do povo; que canta as vitórias. Experimenta ministros e príncipes que foram derrotados. Os saciados foram nivelados; logo, há comida para todos. E há espaço para todos e muita esperança. Esse messianismo presente no Cântico de Ana e na profecia de Samuel é a grande apresentação que os textos narrativos fazem para Davi. O davidismo vai na esteira de várias esperanças populares.

No entanto, a memória da liderança de Davi na história do povo de Israel e de Judá é construída e compilada por diversas mãos. Podemos dizer que na história do povo temos as mais variadas leituras de Davi. Evidentemente, cada leitura tem o seu lugar social e os seus interesses; estes, por sinal, recebem constantemente as interferências do contexto socioeconômico, político e religioso. Como vimos, a memória da liderança de Davi vai na esteira das esperanças e lutas populares. É o Davi apresentado por Ana e Samuel. A primeira menção a Davi nos textos narrativos de 1 e 2 Samuel é o Davi jovem e pastor que, do trabalho de apascentar (cuidar das) ovelhas, é ungido e é tomado do Espírito de Deus (1Sm 16,11-13). O texto continua apresentando Davi: além de cuidar de ovelhas, ele era *ruivo, seus olhos eram belos, e tinha boa aparência* (16,12) e *sabe tocar e é valente guerreiro. Além disso, fala bem, é de boa aparência e Javé está com ele* (16,18). Esse Davi não carrega ares de rei e tampouco tem as marcas do palácio e do trono. É um líder carismático, um homem bom nas palavras e na luta (guerra). Essa é a unção para o combate e para a luta daqueles que esperam as mudanças da história. Eis uma memória entrelaçada entre lutas e o apascentar ovelhas. É a memória mais popular possível de Davi. Do pastoreio para a luta. Da luta para a música. Trajetórias que se cruzam no caminho das expectativas populares.

Outra menção a Davi reside justamente na memória da luta e do combate. É o Davi que luta com o gigante. É o Davi frágil, fraco e sem garantias diante de um Golias grande, forte e cheio de seguranças. É a fragilidade contra a fortaleza. Além do mais, esse Davi é ridicularizado: *você não pode lutar como o filisteu! Você é apenas um rapaz! Ele é guerreiro desde a juventude!* (1Sm 17,33). Vale lembrar que por trás da memória de um Davi fraco está a situação de um povo enfraquecido, sem lideranças e cercado pelo poder inimigo. As saídas para tal situação circulavam em torno do pavor e da fuga (1Sm 17,11 e 24). O medo tomava conta e aos poucos corroeu a coragem e a capacidade de resistir. Aí se encaixa a memória de um Davi que não sente medo. É a fragilidade sem medo. É o messianismo de um povo *sem medo de ser feliz...* sem medo de lutar pela construção de uma nova vida e pela liberdade. A primeira ação dessa memória de um Davi fraco na luta em face da fortaleza está na provocação. A narrativa apresenta-nos um Davi que provoca, inquieta e questiona. É o davidismo que desinstala. A segunda ação se dá no próprio confronto: de um lado o Golias, grande, forte e armado que avança; do outro um menino, astuto e corajoso, que corre ao encontro dele (1Sm 17,48) e toma uma pedrinha, coloca na funda, aponta e atira. Boa pontaria. Acerta na fronte do grandalhão, que caiu tonto, e assim o pequeno Davi tomou a sua espada e cortou-lhe a cabeça. Essa narrativa é memória do frágil Davi que vence o gigante Golias. É a vitória dos insignificantes e dos fracos (como na reflexão anterior, o levantar do poder que vem do lixo e da insignificância na sociedade) que ajuda o povo a redescobrir sua força, faz renascer a coragem e reviver a esperança. Uma memória messiânica de Davi. A memória dos fracos, mas lutadores e confiantes na vitória.

Podemos ainda descobrir outros traços da figura popular de Davi que se desenha nos textos permeados pela profecia que estamos considerando. Vale salientar que o Davi, ungido e mediador da Aliança, é na ótica profética o grande líder dos empobrecidos. É o que lemos em 1 Samuel 22. A liderança de Davi e os apoios que vai alcançando têm sua raiz no seio dos grupos que, aos poucos, ficam marginalizados, justamente pelo processo social e econômico que está gerando a monarquia em Israel e Judá.

O deuteronomista descreve a teologia da Aliança à luz da profecia, pois ela é apresentada como opção de Iahweh pelos pequeninos e torna-se concreta nos projetos comunitários de solidariedade, nas denúncias dos roubos e da violência, nos movimentos de contestação ao poder estabelecido e nos sonhos e na esperança dos empobrecidos. A teologia da Aliança nos auxiliará na percepção da profecia em Israel e Judá como anúncio do que vem das esperanças e da avaliação do que está aí. Eis profecia que irrompe em novidades. Nessa perspectiva, propõe algo novo e convoca homens, mulheres, crianças e, sobretudo, os empobrecidos para se engajarem na busca e na concretização dos projetos de esperança. Novidades que rompem com os projetos dominantes e legitimadores da dominação e da opressão. Novidades no antigo baú da Aliança!

4.1. A novidade que contesta o poder

Sabemos que na trajetória do povo de Israel a instituição da monarquia representou uma profunda ruptura, pois alterou drasticamente a condição de vida das pessoas, de lavradores e camponesas. Opulência e luxo da corte eram extorquidos de quem produzia (1Rs 5,2-8). O comércio internacional ia à custa da mesa do povo e privilegiava os senhores do Estado (1Rs 5,10-11; 9,10s). As obras públicas citadinas eram erigidas à base da corvéia camponesa (1Rs 4,6; 5,27-32; 12,1s). O exército era mantido pelo suor do povo e contra ele (1Rs 5,8; Am 7,1). No discurso de 1 Samuel 8 — o chamado direito do rei —, são delineados os fatos novos implantados pela monarquia citadina: extorsão, expropriação, escravização da gente da roça (1Sm 8,11-17). Seguindo a linguagem oseiânica, podemos dizer que o Estado é Não-Meu-Povo! (cf. Os 1,9). A profecia não dá tréguas à opressão!

Em toda profecia, desponta essa visão crítica e contestadora ao poder citadino-estatal. Muitos são os exemplos que poderiam ser mencionados. Restringimo-nos a apontar algumas denúncias: a violência física, último estágio da exploração para quem resiste à subjugação (Am 8,4-6); as primeiras tentativas de concentração de terra e as injustiças daí resultantes (Mq 2,1-2); a idolatria fomentada pelo poder, pois, por meio dela, interesses comerciais são ideologizados e os ídolos viabilizam um Estado organizado à parte do povo; a exploração de mulheres e homens que trabalham e produzem (Is 10,1s). Essas e outras tantas denúncias aqui não explicitadas não adquirem sua radicalidade com base nelas mesmas, por mais vigorosa que seja sua linguagem. Típico é que sejam formuladas a partir da fraqueza. Seu critério são os fracos. Os empobrecidos são portadores da denúncia!

Nos círculos proféticos, o povo foi feito agente social, sujeito histórico. E a denúncia do poder é forjada na prática do Espírito que restaura os pobres e ajunta os ossos secos (Ez 37). A profecia existe "para arrancar e derrubar" e "para edificar e plantar" (Jr 1,10). Ela julga e aguarda. Julga a opressão e a idolatria, verifica a existência do roubo contra os pobres e afirma a derrocada dos causadores da ruína dos fracos. Aponta para a esperança de tempos novos e diferentes, sem opressão e sem idolatria. A linguagem profética são palavras sábias. Apostam na esperança de novos tempos. A profecia como porta-voz da justiça e da ternura de Deus experiencia o "amargamente doce". Profecia. Poesia. Textos que animam, inspiram e fazem surgir novidades.

4.2. A novidade que cria possibilidades

A profecia nas lutas cotidianas nos faz lembrar os relatos em torno do ciclo de Elias e Eliseu (cf. 1Rs 17–21 e 2Rs 1–10). São relatos que apontam para a solidariedade profético-comunitária como elemento fundamental na defesa dos empobrecidos. São narrativas marcadas pela fome e pela comida... O luxo e a riqueza vão sendo experimentados por uma minoria, enquanto a maioria da população camponesa tem a sua herança ameaçada (é o que podemos observar na narrativa da vinha de Nabote — 1Rs 21). Assim, devemos ver, nesse momento, a profecia como o exercício comunitário de resistência e sobrevivência das comunidades camponesas e das minorias de Israel. As narrativas em torno de Elias, Eliseu e as comunidades dos "irmãos profetas" serão amostras desse exercício feito pelas comunidades. São histórias que se articulam com base na vida cotidiana. São memórias marcadas pela fome, pelo desespero e pela morte. Sobretudo, são memórias de resistência e criatividade; dos projetos alternativos e do resgate da Aliança de Iahweh com o seu povo.

A novidade da profecia em tempos de fome e seca consiste nos gestos de tirar do quase nada o alimento para seguir com a vida. O pouco partilhado faz-se muito e alimenta a todos, como podemos ver no encontro do profeta Elias com a viúva de Sarepta (1Rs 17,8-24). A Aliança resplandece nos sagrados gestos e nas sagradas palavras. Aliança e solidariedade vão fazendo o pão da vida aparecer; no encontro da farinha e do azeite, das panelas e vasilhas, bolos e pães vão surgindo diante dos olhos da comunidade. É o milagre de seguir comendo do misterioso gesto de acreditar na vida, no outro, na outra e ir fazendo-se a cada dia comunidade.

Em 2 Reis 4,1-7, encontramos uma situação semelhante com o profeta Eliseu. Oprimidas por um sistema de dívidas, as mulheres vêem seus filhos e filhas sendo levados à escravidão. O marido e pai está ausente (morreu) e restam a mulher e as duas crianças ameaçadas pela dívida (muitas vezes, as crianças são entregues como escravas para pagar o que se deve). A mulher não se conforma. A profecia não se conforma. Não aceita sacrificar suas crianças em nome de uma política econômica geradora de pobreza para muitos e riqueza para poucos. A novidade da profecia está na solidariedade da comunidade. Dos potes e das vasilhas de azeite, dos vizinhos e da comunidade, ressurgem os sinais de vida e dignidade. Das vasilhas nasce a solidariedade. E esta reacende a Aliança de Iahweh com o povo.

4.3. A novidade e a teimosia da esperança

Para falar de projetos de esperança na profecia, devemos seguir os passos de Isaías. Esse livro profético utiliza várias imagens para descrever a esperança diante de uma situação de conflitos e fortes tensões econômicas e políticas. Principalmente naqueles tempos em que a vida do povo estava sendo determinada pelos interesses da corte (palácio) e do império assírio. Utopias messiânicas misturadas com anúncios de destruição. Utopias messiânicas da gente: *o povo que andava nas trevas viu uma grande luz, e uma luz brilhou para os que habitavam um país tenebroso...* (Is 9,1). É o projeto messiânico que tem como ponto de partida a criança. Assim, Isaías 6–9; 11 é um panfleto messiânico, pois está carregado de novidades, que causam certa estranheza, como o messias-criança. Esses capítulos da profecia de Isaías estão marcados pela forte presença das crianças como sinais de saída para a situação de caos instaurada pelos conflitos advindos dos pactos e contratos anti-Assíria e pró-Assíria. São esperanças do fim da guerra e da opressão do povo e anúncio de um novo tempo marcado pela paz e pela alegria. As crianças nesse panfleto de Isaías são a expressão de um messianismo que não se conforma mais com poderosos ou com o reinado, nem mesmo reconhece os adultos como modelos. Em Isaías, o projeto parte da criança! (Is 7,14; 9,1ss; 11,1ss; cf. 7,3; 8,3.18). A fraqueza radical é protótipo no novo projeto de justiça sem fim (9,5s), de direito para os pobres (11,4), de paz até mesmo na natureza. Isaías acentua como critérios messiânicos o direito e a justiça (justiça como defesa dos pobres: 11,4; 32,1). Profecia que teima em apostar nos "pequeninos" como sinais e símbolos de mudança.

Nessa perspectiva, da volta a Iahweh e do resgate da Aliança, teremos de ler as profecias de Oséias (1–3), o projeto de redistribuição da terra em Miquéias (2–3), a dimensão da esperança em Jeremias (29,1-7), a esperança do resto de Israel em Sofonias (Sf 2,1-3 e 3,12-20) e as profecias do cotidiano que resiste e caminha em busca da justiça.

5. A ALIANÇA E A SABEDORIA

A sabedoria em Israel e Judá permite-nos uma visão específica da Aliança de Iahweh com o seu povo. Permite-nos perguntar pelo cotidiano mais do que elaborar conceitos. Desafia a desvendar pormenores e caminhar na busca dos detalhes da vida do povo. A sabedoria em Israel constrói o saber, tomando por base parcelas de saber. É a sabedoria dos pais e das mães, que, de detalhe em detalhe, formula um conjunto maior, gradual e lentamente. Perceber a Aliança na sabedoria, por um lado, leva-nos a perguntar pelas condições materiais, reais e históricas que nos fornecem um quadro referencial para captar o sentido da vida, da religião e da teologia. Por outro lado, porém, devemos estar abertos para as diferentes maneiras de encarar a vida, de fazer teologia e de reler a história.

A grande catástrofe na história do povo de Israel e de Judá foi a experiência do exílio promovido pelos impérios assírio e babilônico. Eles souberam destruir e destroçar os povos pela força da invasão militar. O império assírio-babilônico (740 a.C. a 538 a.C.) começa os seus desmandos em Israel por volta do ano 740, com investidas militares, dando início a um processo de vassalagem que vai culminar na grande deportação e crise promovida por Nabucodonosor (597 a.C. a 586 a.C.). A maior novidade no modo de dominar foi trazida pelos persas (538 a.C. a 333 a.C.), que elaboram uma política de "favores" e "concessões". O alvo principal dos persas era a ampliação do seu poder econômico com o auxílio e a colaboração dos deportados que perderam suas raízes, sua identidade e religião. O edito de Ciro (Esd 1,2-4; 6,3-5 e 2Cr 36,22-23), que, muitas vezes, lemos como ato de benevolência dos persas para com o povo, no entanto, faz parte dos projetos econômicos dos persas. Se lermos atentamente, veremos que Ciro decreta duas medidas: a volta dos utensílios de ouro e prata e de toda a riqueza do templo que estavam sob o poder de Nabucodonosor e a reconstrução do templo. Os persas buscam controlar a nova rota comercial: do ouro e da prata.

Esse controle se dá mediante um projeto de concessões religiosas. A religião do templo está totalmente dominada pela ideologia persa. O templo é de ouro e de prata, e a lei de Deus imposta ao povo pelo projeto de Esdras e Neemias equivale à lei do rei (Esd 7). Ciro é apresentado ao povo como ungido e enviado por Deus. Outra novidade instaurada pelos persas no projeto de dominação dos povos conquistados reside no processo de monetarização da economia. São os persas que inauguraram a cobrança de tributos em moeda. O produto do povo vira moeda. Em poucos anos, os camponeses são massacrados por um processo de endividamentos e marcados por um sentimento de culpa e pecado. Nesse momento, os camponeses são oprimidos tanto pelos interesses econômicos do império quanto pela justificação religiosa feita pelos sacerdotes e escribas.

Ao lermos Neemias 5, constatamos como a política persa em poucos anos aniquilou o povo camponês. Eis o império da monetarização da economia e dos favorecimentos religiosos. Os persas têm um forte projeto de arrecadação e, para tal, utilizam-se desses mecanismos de favores. No entanto, essa política tem preço. Em Neemias 5,1-5, há um grande clamor do povo diante da situação a que foi submetido. É um protesto com base nas marcas e chagas profundas advindas da dívida e do projeto persa. Nele são apresentados os diferentes níveis desse processo de endividamento, que vai da fome à autodestruição das famílias. *Fomos obrigados a vender os nossos filhos e filhas para comprar trigo, e assim comer e não morrer de fome. Outros diziam: "Passamos tanta fome que precisamos hipotecar nossos campos, vinhas e casas para conseguir trigo". Outros ainda diziam: "Tivemos de pedir dinheiro emprestado, penhorando nossos campos e vinhas, para podermos pagar os impostos ao rei... Somos obrigados a sujeitar nossos filhos e filhas à escravidão. E algumas de nossas filhas já foram reduzidas à escravidão, e não podemos fazer nada, pois nossos campos e vinhas já pertencem a outros"* (Ne 5,2-5). Alguns se beneficiam, enquanto muitos — homens, mulheres e crianças do povo — estão gritando contra uma situação que chegou ao extremo.

Os gregos (333 a.C. a 63 a.C.) chegam com audácia e com a grande estratégia militar de Alexandre Magno. Ele sabe a arte de dominar. Com muitas estratégias e ideologias, foi crescendo sua fama de bom militar. Em decorrência de suas conquistas militares, a língua grega tornou-se dominante, e a filosofia e a visão de mundo dos gregos foram penetrando nos povos conquistados. Aí germina o helenismo.

Na cosmovisão de mundo, as conquistas de Alexandre alargaram os horizontes, e a política e a filosofia passaram a ser divinizadas. Têm início a invasão cultural e o comércio de gente. Gente é mercadoria (por que matar, se posso vender?).

É no contexto da dominação grega que a sabedoria vai aparecer como um novo jeito de exercer a profecia. A sabedoria será nesse contexto o projeto capaz de livrar a teologia da Aliança de Iahweh com os empobrecidos das amarras e da prisão da lei. De um lado, a lei imposta pelo projeto de Esdras e Neemias e, do outro lado, a sabedoria e a resistência da casa.

É nessa perspectiva (a libertação da Aliança em face da prisão da lei) que devemos ler:

1. A novela de Rute dizendo para os que determinaram a lei do puro e do impuro e impuseram a proibição dos casamentos com estrangeiros que a pertença ao povo e à Aliança de Iahweh não depende do sangue e da raça, mas da solidariedade. É a solidariedade a grande marca da Aliança: ... *aonde você for, eu também irei. Onde você viver, eu também viverei. Seu povo será o meu povo, e seu Deus será o meu Deus* (Rt 1,16).
2. O teatro dramático de Jó (1–2 e 42,7-17) e o seu questionamento à teologia da retribuição (3; 42,6). Na figura de Jó espelha-se a situação de dor e sofrimento do povo. No entanto, o pior reside na legitimação do sofrimento e da dor do povo pela lei, pelo templo e pela teologia. O grito de Jó contra Deus é o grito do povo sofredor contra a teologia e a religião que abençoa as injustiças. O grito do sofredor presente em Jó 24 representa uma profunda análise do cotidiano do povo, a quebra da imagem de um Deus formalista, conformista e opressor e, sobretudo, a certeza de uma luz para vencer a escuridão. É a luz que surge da ruptura com a teologia da retribuição e da continuidade da teologia da Aliança.
3. A crítica profética na encenação de Jonas. O profeta Jonas, preso na legalidade, nas certezas da Lei e das Tradições e na sua identidade cultural, é o único que não se converte para as novidades e para a gratuidade de Iahweh. Na primeira cena (Jn 1,1-17), Jonas afirma ser adorador de Iahweh e hebreu. Eis um profeta confiante nas suas certezas. E estas tornam-se problemas para o povo e para os marinheiros. Aliás, os marinheiros convertem-se e apenas Jonas não muda seu jeito e continua rígido em suas convicções. Na segunda cena (Jn 2,1-10), nem a permanência nas entranhas do peixe e o recordar as orações dos pobres foram capazes de mudar o feitio e a arrogância do profeta Jonas. Na terceira cena (Jn 3,1-10), o profeta anuncia a destruição de Nínive para um prazo de quarenta dias. Diante do breve anúncio profético, reis, homens, mulheres e animais se convertem a Deus. De novo, só Jonas não se converte! E, por fim, a quarta cena (Jn 4,1-11) descreve o conflito que se trava entre o projeto de salvação de Deus para os ninivitas e os desejos de Jonas, que não se conforma com os desígnios de Iahweh. Tem mais misericórdia por uma mamoneira do que pelo povo.
4. Os poemas irreverentes de Cantares. Esses cânticos de amor recuperam a dignidade e os valores do amor humano. São

poemas que têm a coragem de denunciar os oponentes do amor; que descrevem os encontros, mesmo que proibidos, do amado com a amada. Lançam gritos contra as proibições. Denunciam a prática dos "filhos de minha mãe", a ação dos "guardas da cidade" e os ataques das "raposas e raposinhas".

5. As rezas, presentes no saltério, que resgatam as tradições da casa e a teologia da criação. Os Salmos apontam os caminhos de justiça. Muitos Salmos ajudam o povo a rezar e vivenciar a Aliança de Iahweh com os pequeninos. Vale a pena seguir os passos dos Salmos dos romeiros que caminham na certeza de que Deus ouve os gritos, lamentos e louvores do povo. Em especial, referimo-nos aos "Salmos das subidas" ou "Salmos de romaria", os de número 120–134. Estes têm origem na casa e resgatam as antigas tradições e bênçãos. São Salmos que vêm da memória do romeiro e descrevem o sentido (por quê) e o objetivo (para quê) da romaria. O Salmo 120 inicia a romaria apresentando os critérios para se colocar em caminhada: livrar-se dos lábios mentirosos e da língua traidora e ser da paz. O Salmo 121 apresenta Deus como o guarda de Israel que não dorme nem cochila, que protege a vida e guarda as partidas e chegadas. O Salmo 122 descreve a alegria da chegada a Jerusalém: *alegrei-me quando me disseram: vamos à casa de Javé*. O Salmo 123 é o pedido e súplica do romeiro para que Deus tenha compaixão. O Salmo 124 tem características apocalípticas e bendiz a Deus, que é o socorro do povo: *Israel que o diga — não estivesse Javé do nosso lado*. O Salmo 125 celebra a Deus que cuida de seu povo e o protege, e o Salmo 126 é um canto de alegria que comemora e lembra a restauração do povo (a volta do exílio). Os Salmos 127 e 128 resgatam as tradições da casa: a herança e os filhos da juventude e a bênção para o clã. No Salmo 129, Deus é justo, pois corta os chicotes da opressão e da exploração. E nos Salmos 130 a 134 encontramos as marcas de uma vida em comunidade: o perdão, a vivência fraterna e a bênção. E não poderiam faltar a esperança e a promessa do Messias, que vai saciar os indigentes de pão e vestir os inimigos de vergonha. Salmos da caminhada. Cantos do cotidiano que animam a luta e celebram a vida. "Reze a vida, palmo a palmo! Anime a luta, salmo a salmo!"

6. Os questionamentos sutis de *Qohelet* (Eclesiastes) às novidades trazidas pela invasão cultural helênica e os sinais de destruição, sobretudo aqueles relacionados com a perda

dos grandes valores, tais como trabalho, justiça e solidariedade. *Qohelet*, palavra irônica e crítica diante da situação de opressão que brota do cotidiano, das dores, dos choros, do cansaço e do suor. É a sabedoria dos destituídos e apresentados na sociedade como os que não sabem e não são. Sabedoria dos desfigurados. Sabedoria das coisas corriqueiras da vida. Fala dos impérios e seus desmandos sobre o que aparenta ignorância, mas que conhece muito bem por causa da exploração do trabalho, da fome e da perda da vida e seus valores. Ironia ousada que insiste em dizer e fazer refletir em meio aos sinais de degradação da vida sobre o fato de que *não há nada de novo debaixo do sol*.

Não há novidades. *Examinei também todas as opressões que se cometem debaixo do sol. Aí está o choro dos oprimidos, e não há quem os console* (4,1). Ao olhar para vida ao seu redor, *Qohelet* apresenta seu grande questionamento: *que proveito tira o homem de todo o trabalho com que se afadiga debaixo do sol?* (1,3). Esse questionamento está negando o trabalho, pois este, nos seus dias, não está trazendo dignidade, prazer e vida; pelo contrário, traz fadiga, cansaço e suor. Não há proveito algum. Palavra sábia que, ao questionar, apresenta de maneira irônica um não à perpetuação do poder econômico. Essa negação do trabalho é uma negação ao poder político-econômico. Pois o trabalho (e o projeto imperial que está por trás) é "nada de nada". Não está trazendo a vida. Não traz vantagem e proveito, e sim desumanização, dor e morte. *Nada de novo debaixo do sol*.

Qohelet, de maneira irônica, apresenta uma forte crítica ao império e à sua riqueza desmedida, riqueza que é fruto da exploração do trabalho. Por isso dirá em bom tom: "que proveito tira o homem de todo o seu trabalho debaixo do sol?!". A ironia por trás das palavras de *Qohelet*, plenas de sutileza e contemplação da realidade e condições dos trabalhadores e trabalhadoras, está na negação do trabalho. Pois o trabalho humano, que visava à dignidade e a "fazer/produzir" para comer, beber e gozar a vida, corrompeu-se. O trabalho passou a ter por objetivo responder economicamente ao projeto político-administrativo dos reis e dos impérios. Por isso, "o que sabe que não sabe" dirá: "Nada de nadas!", diz *Qohelet,* "nada de nadas! tudo é nada! Não vejo nada de novo debaixo do sol".

7. Os ditos proverbiais (*mashal*) que refletem a experiência do povo e representam seu esforço em defender a vida e responder aos problemas cotidianos. Mais adiante, refletiremos

acerca dos livros sapienciais, guiados pelo livro de Provérbios. Provérbios 4 é um dos mais belos capítulos dentro do conjunto de Provérbios 1–9. Provérbios dos dois caminhos. Nos versículos 1-9, temos o elogio à sabedoria que está presente na correção do pai, na Torá da mãe. As palavras sábias da casa e do clã devem ser guardadas no coração para se ter vida. Isso quer dizer que a sabedoria da casa deve ser colocada em prática. Essas palavras não são adquiridas no mercado como se adquire coroa e diadema. A sabedoria deve ser adquirida dentro da organização do clã e, por isso, vale mais do que coroas, diademas, prata e ouro.

Nos versículos 10-19, são apresentados os dois caminhos que podem ser trilhados: nos versículos 10-13, é-nos apresentado o caminho que multiplica os anos de vida, que é o caminho da sabedoria e da correção, pois a vida do justo está na disciplina e na prudência; os versículos 14-17 mostram-nos o caminho que não pode ser tomado: o caminho dos injustos e malvados. Esse é o caminho dos que comem pão de iniqüidades e vinho das violências. E nos versículos 18-19, concluindo esta unidade, mostra-se que o caminho do justo é luz da aurora que brilha cada vez mais, enquanto o caminho dos injustos é escuridão, e lá acontecem muitos e muitos tropeços. Por fim, os versículos 20-27, que formam a última unidade, dizem que as palavras de sabedoria das mães, dos pais, dos sábios e das sábias da comunidade são vida e saúde para o corpo e, principalmente, são para serem guardadas onde procedem as saídas da vida: o coração. Elas passam pelos ouvidos, boca, olhos, pés e mãos e não deixam o justo tropeçar e se desviar para o caminho da maldade.

6. UMA NOVA ALIANÇA

A profecia do exílio e do pós-exílio procura refletir desde a situação de crise à retomada da Aliança. Profecia meditativa que fala ao coração dos massacrados e feridos pelo sistema opressor. Assim inicia o capítulo 31 de Jeremias: *Nesse tempo — oráculo de Javé — eu serei o Deus de todas as tribos de Israel, e elas serão o meu povo* (31,1). Palavras de consolo que descrevem a retomada da Aliança entre Iahweh e o povo com laços de amor e solidariedade. Palavras de esperança e de alegria: Israel dançará, será adornada e plantará vinhas e gozará de seus frutos (cf. vv. 3-5). Iahweh salvará o seu povo, o guiará, o congregará e o guardará como o pastor guarda o seu rebanho. Eis que Iahweh é portador de novidades para o seu povo: ... *Javé a abençoe, morada da justiça, monte santo! Em Judá e em suas cidades habitarão juntos os lavradores e os que pastoreiam rebanhos, pois eu saciarei as gargantas sedentas e satisfarei os famintos. Então, eu acordei, e vi que o meu sonho era agradável. Eis que chegarão dias — oráculo de Javé — em que eu semearei em Israel e Judá sementes de homens e sementes de animais. Assim como os vigiei para arrancar e arrasar, para demolir, desfazer e maltratar, agora vou vigiar para construir e plantar — oráculo de Javé* (31,23-28). Eis na meditação profética e no projeto de esperança de resgate da Aliança a marca dos sonhos. Os sonhos na profecia têm a característica de fortalecer os passos e levantar a cabeça rumo à reconstrução da vida. Por isso, a profecia pode ajudar o povo a sonhar com a Nova Aliança: *eis que chegarão dias — oráculo de Javé — em que eu semearei em Israel e Judá sementes de homens e sementes de animais.* Quais as características dessa nova Aliança? Não será como a Aliança selada com os pais desde a saída do Egito, mas será na linha do Novo Êxodo, de acordo com a lei selada e gravada no coração. Nesse sentido, não mais será preciso instruir os vizinhos acerca de quem é Iahweh e todos conhecerão essa máxima: *eu serei o seu Deus e eles serão o meu povo.*

Realizar a nova Aliança significa ser o povo de Iahweh. Ser um povo sobre o qual não há opressão como no Egito, em que não existe exploração de irmão sobre irmão, e em meio ao qual reinam a justiça, o direito e a fidelidade aos mandamentos da comunidade e de Deus. A Nova Aliança na boca e na prática dos profetas é a tentativa de ajudar o povo a vencer as falhas, os tropeços e desvios e o alimento capaz de recriar as esperanças. Nessa perspectiva, a Nova Aliança vem colada com as expectativas messiânicas. Esperança alimentada pelos profetas, cultivada pela sabedoria e sustentada pelo resto fiel. Esperança capaz de ajudar o povo a superar as duras crises da caminhada rumo ao projeto de Iahweh.

Para as Comunidades Cristãs, essa Nova Aliança, carregada de esperanças messiânicas, é Jesus de Nazaré. Ele anuncia como os profetas a Boa-Nova do Reino e enfrenta conflitos com as autoridades religiosas, políticas e econômicas. Em outras palavras, caminha na contramão do poder, recriando as relações humanas, pregando o Reino da justiça, da liberdade e da solidariedade. A Nova Aliança é refletida na Boa-Nova de Jesus para os pobres; anima os seguidores e seguidoras do Nazareno a organizar a vida em pequenas comunidades e a lutar em meio aos conflitos e problemas do cotidiano para viver uma sociedade de iguais. Boa-Nova na vida da comunidade que gerou a Nova Aliança, o Novo Testamento: restauração do projeto de Deus. Ela resgata o rosto de um Deus presente que chama o seu amigo Abraão e lhe promete terra, povo e bênção, que ouve os gemidos dos hebreus e trava uma luta por libertação, que caminha com o povo rumo à posse da terra da promissão, que unge e escolhe líderes carismáticos voltados para a defesa do povo e da Aliança, que suscita a crítica e o anúncio da profecia que contesta o poder, aponta a possibilidade e as saídas, busca solidariedade e esperança e, por fim, que resiste junto com os sábios e com os pobres aos desmandos dos impérios.

> Jesus trouxe a chave para o povo poder entender o sentido verdadeiro da longa caminhada do Antigo Testamento. Os primeiros cristãos, usando esta chave, conseguiram abrir a porta da Bíblia e souberam entender e realizar a vontade do Pai. O Antigo Testamento é o botão, o Novo Testamento é a flor que nasceu do botão...[1]

Resumindo

• As Alianças de Iahweh com as minorias levam-nos a olhar para a caminhada do povo com o seu Deus e a fidelidade de Deus para com o seu povo. Teologia da Aliança em meio à história de libertação do povo e a busca da realização do que Deus pede.

• Na caminhada com os pais e as mães em Israel, a Aliança é afirmada nas promessas de vida para o clã: terra, povo e bênção. Com Abraão, Sara, Agar, Ismael, Rebeca, Lia, Raquel, Tamar... começa a caminhada da Aliança. Iahweh revela-se protetor dos clãs contra a opressão do império egípcio e das cidades-estados cananéias. A Aliança de Iahweh com os pais e mães de Israel se dá, sobretudo, na defesa da vida, na promessa de filhos e na posse da terra prometida.

• O êxodo, como rebelião de hebreus e hebréias escravizados, não é só acontecimento do passado, mas o evento fundante de Israel. É memória revolucionária contra novos faraós que se iam apresentando na história do povo. É história e modelo da revelação do Deus Iahweh que escuta os clamores do povo, vê a opressão e desce para libertá-los. É memória coletiva da Aliança.

• A concretização da Aliança por meio da posse da terra depende das Alianças entre os oprimidos, na tentativa de se viver uma nova sociedade e um projeto de partilha, solidariedade. Aliança assentada na família (clã), na posse da terra e no cumprimento das leis de Iahweh. Aliança cultivada na luta das tribos contra os dominadores e na conservação do projeto de terra e comida na mesa dos agricultores e agricultoras assentados na terra. Aliança protegida pela organização e pelo enfrentamento aos abusos de poder.

• Na busca de viver a Aliança e continuar caminhando na justiça, na fidelidade e na presença de Iahweh é que surgem as vozes proféticas na denúncia da ação de reis e governantes que muitas vezes "fazem o

---

[1] MESTERS, Carlos. *Flor sem defesa*; uma explicação da Bíblia a partir do povo. Petrópolis, Vozes, 1984. p. 23.

mal aos olhos de Iahweh". Profecia contestadora do poder em nome da Aliança. Profecia anunciadora de possibilidades de mudança a partir do resgate da Aliança. Profecia teimosa, resistente nos sonhos e nas esperanças populares.

• A palavra da sabedoria nas casas e nos clãs busca resgatar as tradições. E deste baú, que é herança e memória das comunidades, a casa recorda a cada dia a Aliança. Na sabedoria, a teologia da Aliança é instrumento de resistência aos contravalores impostos pelos poderosos.

• A Nova Aliança pregada pela profecia meditativa, refletida na prática de Jesus de Nazaré e projetada na caminhada das comunidades torna-se sal que tempera a vida, luz que faz enxergar os buracos e semente que, jogada na roça da vida, produz a planta bonita do projeto de vida em abundância.

Perguntas para reflexão e partilha

1. Os passos da caminhada do Povo de Deus foram de descobertas da Aliança e de lutas para poder vivê-la. Como vivemos a Aliança? Como, nas nossas comunidades, criamos possibilidades e projetos rumo à sua concretização?

2. Quais os problemas, conflitos e dificuldades que, à luz das profecias, denunciamos como obstáculos para se viver a Aliança?

3. Que caminhos, expectativas e esperanças temperam os nossos desejos de busca da Aliança?

Bibliografia complementar

MESTERS, Carlos. *Deus, onde estás?* Uma introdução prática à Bíblia. 7. ed. Petrópolis, Vozes, 1987.

SCHWANTES, Milton. *Teologia do Antigo Testamento*. São Leopoldo, Faculdade de Teologia, 1984, v. 1 e 2.

SOUZA, Marcelo de Barros. *Nossos pais nos contaram;* nova leitura da história sagrada. Petrópolis, Vozes, 1984.

WESTERMANN, Claus. *Teologia do Antigo Testamento*. São Paulo, Paulinas, 1987.

Capítulo quinto

A TORÁ E A IDENTIDADE DO POVO

Rafael Rodrigues da Silva

A Bíblia é um grande conjunto de livros no qual encontramos de tudo um pouco. Ao abri-la, deparamo-nos com provérbios, parábolas, orações, cantos, hinos, ensinamentos, leis, poesias, profecias, sonhos, sagas, mitos, símbolos, apocalipses, novelas. Sobretudo, encontramos a caminhada histórica do povo junto com o Deus que liberta e é sinal de vida. Assim, a Bíblia hebraica (Primeiro Testamento) é um grande baú cheio de coisas antigas, belas e valiosas. Esse baú demonstra para as nossas comunidades o jeito de o povo contar sua vida e suas experiências. A Bíblia é luz a iluminar a caminhada de nossas comunidades, porque revela o cotidiano do povo e a sua profunda fé e experiência em um Deus que é capaz de salvar.

Cada uma das partes da Bíblia (Torá, Profetas e Escritos) tem o seu jeito de narrar os acontecimentos, refletir a realidade e transmitir as lembranças, os fundamentos da fé, os ensinamentos e o saber dos antepassados. Nesse sentido, para adentrarmos nos primeiros livros da Bíblia (Gênesis, Êxodo, Levítico, Números e Deuteronômio), que os judeus chamam de Torá, temos de partir da seguinte constatação: estamos diante de textos que querem fazer uma memória do passado, mesclando-o com as contingências e a situação do tempo dos seus compiladores e leitores. Carlos Mesters nos diz que

> o Pentateuco não é só um livro de história que descreve tudo o que se passou no passado, mas é, ao mesmo tempo, fruto e expressão de todo esse passado vivido, pois ele carrega em si as marcas das diversas épocas. Plantado no mais remoto início do povo, ele foi crescendo, até a forma que hoje possui, nos cinco livros de Moisés. O Pentateuco é como um tapete que se ia enrolando atrás do povo, à medida que este caminhava para a frente.[2]

A Torá tem um jeito de contar a criação (as origens) e de narrar a história do povo rumo à terra prometida. É a leitura da história de uma perspectiva teológica, pois as narrativas, ao mesmo tempo que querem nos colocar a par dos

---

[2] MESTERS, Carlos. *Por trás das palavras*; um estudo sobre a porta de entrada no mundo da Bíblia. 8. ed. Petrópolis, Vozes, 1998. pp. 97-98.

acontecimentos, falam de como Deus age na história, conduz e orienta o povo rumo à realização do seu projeto. Aliás, a Bíblia é resultado da leitura teológica que o povo fez de sua caminhada. E leitura teológica é interpretação da história com base na fé. É a forma de entender os fatos significantes da vida, buscando enxergar neles a mão de Deus e o que ele quer comunicar e revelar. Podemos dizer que a interpretação teológica da história visa orientar o povo em sua prática, em sua vida comunitária e em suas lutas cotidianas.

O povo que está por trás dos textos bíblicos não possuía Bíblia, simplesmente carregava na memória e na vida a experiência e o rosto de Deus. A leitura teológica da história e da realidade é a leitura que percebe a revelação acontecendo hoje. É a leitura que nos capacita a ver o rosto de Deus em nosso meio. É uma atividade comunitária que nos ajuda a experimentar a companhia de Deus em nossas lutas. Que nos leva a conhecer a Deus. É a leitura da realidade capaz de aumentar a fé, a força e a organização da comunidade.

Por isso, o fio condutor que nos orientará para a leitura da Torá consistirá na descoberta do modo de o povo de Israel e de Judá resgatar a sua identidade, a sua história e a sua fé. No encalço dessa descoberta, vamos trilhar dois caminhos: a caminhada da interpretação da Torá e o jeito de ler a história e os acontecimentos subjacentes aos textos. Em outras palavras, tentaremos compreender a interpretação da Torá na história e a interpretação da história e da realidade presentes na Torá.

1. A INTERPRETAÇÃO DA TORÁ NA HISTÓRIA

1.1. Entre vozes e ouvidos: a arte de lembrar as tradições

Refletir sobre as escrituras no mundo antigo, de modo especial nas tradições de Israel e Judá, leva-nos a perceber o quanto elas estão marcadas pelas tradições orais. As narrativas sobre as origens de Israel presentes no Pentateuco estão envolvidas, seja no processo de sua formação, seja no de sua divulgação, pela ação da palavra falada.

Na história de Israel e Judá, a tradição oral mostrou-se um caminho fecundo no qual, por meio da voz e da escuta, conservou-se e transmitiu-se a sua sabedoria, o seu mundo, a sua história. A voz designa o sujeito com base na linguagem e nela a palavra enuncia-se como lembrança e memória, que, ao ser passada de geração a geração, mantém suas tradições, mitos, ritos, cosmovisões e, sobretudo, sua experiência e vivência.

Muito já se falou e se discutiu acerca da importância da oralidade para a compreensão dos textos bíblicos. Não é de hoje que se tem perguntado pelas tradições orais na elaboração dos textos que compõem a Bíblia hebraica. Assim, uma das questões para um estudo da Bíblia é a articulação entre esses textos seculares e as vozes que se encontram escondidas por trás das palavras escritas.

Na Bíblia encontramos a palavra oral como memória coletiva. A memória da história, das tradições e dos antepassados na história de Israel carrega as marcas de uma memória para além das palavras, uma memória por trás das palavras escritas. Descobrir que a origem dos textos bíblicos encontra-se no interior da cultura popular traz enormes conseqüências para a hermenêutica. Perceber que os textos podem ser expressão, mesmo que limitada, de uma memória oral e coletiva que representa acumulação, conservação e recriação dos elementos fundamentais da cultura e do cotidiano é ao mesmo tempo promessa e desafio. Notá-los como "memória dos pobres" é a possibilidade de ver expressos neles anseios de gente itinerante, sem terra, mulheres escravizadas e violentadas.

Uma leitura dos verbos no livro do Deuteronômio revelará por que Israel é reconhecido como "um povo por excelência da memória", portador de uma "religião da recordação": *guarda-te...; não esqueças...; lembra-te...; ouve, ó Israel...; recorda-te...* Nele, a tradição oral mostrou-se um caminho fecundo por meio do qual, mediante a voz e a escuta, conservou-se e transmitiu-se a sua sabedoria, o seu mundo, a sua história. A voz designa o sujeito de acordo com a linguagem e nela a palavra enuncia-se como lembrança e memória-em-ato. Memória coletiva que é recriada coletivamente para que em cada conjuntura ecoe a experiência dos antepassados. Na perspectiva da presença da voz e da escuta, cada geração, com "boca", "olhos" e "ouvidos" das necessidades cotidianas, realiza uma releitura da vida e da história, na busca de orientação do caminhar diante das problemáticas concretas. Assim, a tradição e o passado podem ser re-significados como utopia e futuro. Em Israel, tais perspectivas se fazem notar intensamente. Por isso, podemos refletir com o salmista: *O que nós ouvimos e aprendemos, o que nos contaram nossos pais, não o esconderemos aos filhos deles; nós o contaremos à geração futura* (Sl 78,3-4).

1.2. Muitas mãos e vozes na formação da Torá

A Torá (Pentateuco) praticamente se compõe de narrativas, relatos sapienciais das origens e a formação do Povo de Deus com suas leis até a morte de Moisés (Gn 1,1 a Dt 34,12). Uma das questões mais discutidas em relação aos primeiros livros da Bíblia gira em torno da sua datação (época) e autoria. Por muito tempo, tomou-se ao pé da letra a tradição judaica que atribui os textos a personagens importantes da sua história. Por exemplo, os Salmos seriam de Davi e Salomão, o livro de Provérbios de Salomão e o Pentateuco de Moisés. Portanto, na tradição hebraica, a Torá passa a ser conhecida como "livros da lei", a "lei de Moisés" ou o "livro da lei de Moisés". Essa nomenclatura já aparece em alguns textos do período pós-exílico (*a lei*: Esd 10,3; *a Lei de Moisés*: Esd 7,6; Ne 8,1; Js 8,31s; 2Rs 23,25; 2Cr 23,18; *o Livro da Lei de Moisés*: 2Cr 25,4; *o Livro de Moisés*: 2Cr 35,12) e também no Novo Testamento (Lc 24,44). Nesse sentido, podemos pressupor que desde os anos 400 a.C. já se tinha certo conhecimento desses livros sob a nomenclatura de Lei ou Torá.

A tese de que Moisés seria o autor da Torá recebe uma grande crítica quando estudiosos judeus e cristãos começam a perceber algumas tensões e problemas. A começar pelo relato da morte e do sepultamento de Moisés (Dt 34). Como ele, sendo autor do livro da Lei, poderia relatar a sua morte? Nessa perspectiva, outros versículos passam a chamar a atenção dos estudiosos: Gênesis 36,31 supõe a existência do reinado em Israel; Gênesis 50,10s, Números 22,1 e Deuteronômio 1,1 falam de "além do Jordão" (o que pressupõe já se estar na terra de Israel); e Gênesis 22,14 fala de uma terra tão detalhadamente que parece que Moisés a conhecera muito bem!

A Bíblia, a partir do século XVIII, foi submetida às críticas das ciências humanas, que colocaram em questão antigas compreensões e convicções em relação aos textos sagrados, principalmente a até então indiscutível autoria mosaica do Pentateuco. Esse movimento vai desenvolver-se até fins do século passado, quando se estabelece uma teoria, que até hoje goza de grande aceitação, a chamada teoria das quatro fontes (também conhecida como teoria documentária). Essa teoria teve o grande mérito de colocar como necessidade metodológica fundamental a de situar os textos na trajetória histórica e religiosa de Israel. Suas primeiras conclusões indicam que os textos supõem a instalação de Israel em Canaã (Gn 12,6; 13,7) e mostram um autor distinto do tempo de Moisés: *até os dias de hoje* (Dt 3,14; 34,6 etc.); *em Israel nunca mais surgiu um profeta como Moisés* (Dt 34,10). Apesar de não haver consenso quanto às características, composição e conteúdo de cada documento, podemos apresentar uma síntese geral. Para a definição desses documentos, podemos perceber alguns critérios que foram utilizados, tais como os nomes de Deus, preocupações éticas e cúlticas. Essa teoria tem como ponto de partida o fato de que o Pentateuco é formado pela articulação de quatro documentos distintos, que podem ser identificados e separados: J (Javista); E (Eloísta); D (Deuteronomista) e P (Sacerdotal). Vejamos suas características mais aceitas:

a) Javista

   1. Lugar de origem: Judá.

   2. Período: no século X.

   3. Ambiente: surgiu provavelmente na corte.

   4. Preocupação fundamental: sucessão davídica.

   5. Textos característicos: Gn 2,4b–3,24; 4; 12,1-4a.

   6. Ênfase: nos patriarcas (Abraão) e na promessa de terra.

   7. Eixo teológico: bênção.

b) Eloísta

   1. Lugar de origem: Israel.

   2. Período: nos séculos IX-VIII.

3. *Ambiente*: surgiu provavelmente no ambiente profético a partir de Elias e Eliseu.
4. *Preocupação fundamental*: ênfase moral e crítica profética.
5. *Textos característicos*: Gn 22,1-19; Ex 1,15-22; 3,9-15.
6. *Ênfase*: nos patriarcas Jacó e José e em Moisés.
7. *Eixo teológico*: temor a Deus.

c) *Deuteronomista*

1. *Lugar de origem*: Israel.
2. *Período*: nos séculos VIII-VII.
3. *Ambiente*: surgiu provavelmente no ambiente profético próximo a Oséias.
4. *Preocupação fundamental*: a volta do povo para Iahweh.
5. *Textos característicos*: pelo menos Dt 12–26 (Código Deuteronômico).
6. *Ênfase*: na Lei, na posse da terra e na defesa dos pobres.
7. *Eixo teológico*: Aliança.

d) *Sacerdotal*

1. *Lugar de origem*: Babilônia e Judá.
2. *Período*: exílio e pós-exílio.
3. *Ambiente*: entre os exilados na Babilônia e os grupos que projetam reconstruir o povo depois do exílio (Templo, Raça e Lei).
4. *Preocupação fundamental*: identidade do povo eleito por intermédio de sinais característicos de sua prática religiosa: sábado, circuncisão e sacrifícios.
5. *Textos característicos*: Gn 1,1–2,4a; genealogias; Ex 6,2–7,7.
6. *Ênfase*: na eleição do povo e no caráter "religioso" da escolha.
7. *Eixo teológico*: bênção e sacrifício.

Com base nessa classificação, muitos passos foram dados na pesquisa e análise da Torá. Surgiram as mais variadas propostas acerca do surgimento e do processo de elaboração da Torá. Alguns apostam na teoria dos blocos temáticos: criação, patriarcas, Êxodo, deserto, Sinai e conquista da terra. Nessa perspectiva, muitos estudiosos irão apontar para três aspectos importantes na leitura da Torá:

1. A hipótese de que as narrativas do Sinai foram colecionadas e transmitidas em determinado local e as narrativas do Êxodo e da conquista da terra em outro local (as narrativas têm lugar e época diferentes);

2. No processo de transmissão, as festas cultual-religiosas tiveram papel decisivo, como, por exemplo, as festas de colheita, dos primeiros frutos da terra, da lua nova e do ano-novo;
3. A redação de muitos textos respira os ares dos santuários (Betel, Guilgal, Samaria). Podemos dizer que nesses ambientes as narrativas foram de certa maneira padronizadas.

Assim, no estudo da Torá com base em sua redação final, podemos perceber alguns detalhes nos próprios textos que não se enquadram no período histórico que está sendo apresentado (um exemplo claro encontramos em Gn 50), além das diferenças de linguagem e estilo, variação no emprego dos nomes divinos, divergências de idéias, narrativas duplicadas (repetições). Por certo, ao lermos atentamente os livros que compõem a Torá, notaremos que não se trata de uma obra homogênea. Mesmo na esteira da hipótese documentária, a Torá não passa de uma combinação de diferentes fontes escritas. Contudo, tanto a teoria documentária quanto a tese dos blocos temáticos não conseguiram abarcar um componente elementar na elaboração da Torá, que são as pequenas unidades de texto, autônomas e independentes. Essas pequenas unidades e narrativas são conhecidas como perícopes. As perícopes não são a expressão típica das instituições como o Estado ou o Templo, mas das pequenas organizações sociais, no caso de Israel, a família ou o clã. Se essa memória popular determinou a Torá é porque a força do clã e de suas manifestações cultuais era grande o suficiente para que os escribas anotassem os textos sem retrabalhá-los substancialmente. Assim, a dinâmica social que produziu perícopes literárias deve integrar nossa hermenêutica de reapropriação e atualização de tais textos. Da sua fixação oral para sua redação, a perícope não passou por alterações significativas.

Em uma leitura atenta do livro do Gênesis, observaremos que esse livro é uma coleção de várias narrativas que giram em torno de alguns personagens-chave (Abraão, Isaac, Jacó e José), passando por uma elaboração independente e pensada teologicamente. Nessa perspectiva, muitos leitores e estudiosos da Torá tentaram resgatar a forma mais antiga da tradição, que é a oralidade. Como já vimos, a oralidade representa um estágio na formação dos livros, pois é o esforço da comunidade que procurava prescrever sua memória e afirmar sua identidade. A Bíblia não se fez e nem existia em um vazio literário, mas em um contexto de tradições orais que deve ser determinado. Na leitura de alguns textos que tentam trabalhar com os temas centrais da fé e da tradição do povo (Dt 6,20-26; Dt 26,5-9 e Js 24,2-13), perceberemos que as coleções de narrativas ao redor de alguns personagens foram remodeladas sob a influência de uma forte e consistente teologia. A Torá é fruto do esforço da comunidade de fé que: procura manter a sua memória, buscar sua identidade e alimentar suas crenças e certezas.

Nessa perspectiva, é necessário não só perguntar pelos acentos teológicos e interesses dos colecionadores ou redatores finais, mas sobretudo investigar nas pequenas unidades acerca das seguintes questões: quem fala? A quem o texto é dirigido? Em que circunstâncias (histórica, cultural, sociológica) ele fala? Quais os seus objetivos e metas? Uma interpretação da Torá a partir das pequenas unidades provoca-nos a ler as narrativas da Bíblia hebraica como material organizado e compilado de textos autônomos. Podemos dizer que na Torá não só encontramos as mãos dos redatores finais, mas também uma vasta literatura popular.

Uma leitura da Torá que leve, em diferentes temáticas, as perspectivas dos redatores finais, as diversificações teológicas e a memória popular deverá:

- respeitar o estilo narrativo como tentativa de rememorizar as antigas tradições;
- perceber a obra como agrupamento de narrações e perícopes ao redor de blocos literários; e
- entrelaçar a história e a teologia com a realidade que o texto quer transmitir para seus leitores e ouvintes.

A Torá é uma casa antiga e nova. Antiga nos tijolos e no reboco. Nova na reforma e na pintura que recebe de tempos em tempos. Por isso, vamos encontrar nesse conjunto de livros várias camadas literárias. Encontraremos relatos antigos, relatos do pré-exílio, reflexões em meio ao processo de exílio, tentativas de atualização em meio às crises de identidade. Materiais diversos e de diferentes épocas e lugares. Tudo misturado num conjunto de cinco livros. É a mistura do passado com o presente. É a parede antiga que de vez em quando recebe uma pintura nova. E a pintura antiga em alguns pontos da casa resiste e apresenta as suas características.

Em suma, podemos dizer que a Torá é como uma casa que foi construída aos poucos, em épocas diferentes, de materiais diversos e que de tempos em tempos recebe emendas e reformas.

Dois pontos foram importantes na caminhada de interpretação da Torá: o resgate e a leitura das pequenas unidades (perícopes) e a sua composição, com coerência interna e independente, em unidades maiores (blocos literários):

Gn 1–11:	as origens;
Gn 12–36:	os patriarcas;
Gn 37–50:	a novela de José;
Ex 1–15:	as sagas de Moisés;
Ex 19–24 e 32–34:	a teofania do Sinai;
Ex 16–18 e Nm 11,1–20,13:	a caminhada pelo deserto;
Nm 29,14–36,13:	a conquista da terra.

Apresentamos a seguir um roteiro com os livros e tradições que compõem a Torá, para uma visão de seu conjunto.

I Gn 1–11 História das Origens	II Gn 12–50 Patriarcas e Matriarcas	III Ex 1–15 Opressão e Libertação	IV Ex 15,22; 18,27 Deserto e Aprendizado	V Ex 19; Nm 10 Lei	VI Nm 10,11; 36,13 Deserto e Aprendizado	VII Dt 1–34 Lei
• *Ambiente*: Israel, Judá e Babilônia. • *Temas*: criação (Gn 1); Adão e Eva (Gn 2-3); Caim e Abel (Gn 4); dilúvio (Gn 6-9); a cidade e a torre de Babel (Gn 11) e genealogias (Gn 4; 5; 10 e 11).	• *Ambiente*: crescente fértil: entre Mesopotâmia, Canaã e Egito. • *Temas*: Matriarcas (Sara, Agar, Raquel, Lia, Rebeca, Tamar, Zelfa, Fua...) e Patriarcas (Abraão, Ló, Ismael, Isaac, Jacó, Esaú, José e seus irmãos...). • Em Gn 12,1-3, Abraão sai da sua terra, errante e peregrino. Parte em busca de Terra, Povo e Bênção. • Relatos carregados pela situação conflitiva nos clãs e no movimento de luta dos camponeses. • Em Gn 15 e 17: a teologia da promessa.	• *Ambiente*: Egito • *Temas*: – Ex 1 – opressão, localização histórica e resistência das parteiras e dos hebreus. – Ex 2 – vida de Moisés. – Ex 3 – vocação profética de Moisés. – Ex 4-6 – volta para o Egito e as primeiras negociações com faraó. – Ex 7-11 – os sinais no Egito. – Ex 12-13 – Páscoa e saída do Egito. – Ex 14 – a saída e a libertação. – Ex 15,21 – Cântico de Miriam e de Moisés.	• *Ambiente*: o deserto. • *Temas*: água, codornizes, maná, Jetro/organização de tarefas e murmurações do povo. • Fome. • Sede. • Inimigo. • Proteção.	• *Ambiente*: Monte Sinai. • *Temas*: – Livro da Aliança (Ex 19-24). – Santuário (instruções Ex 25-31). – bezerro de ouro (intercessão, promessa e lei, Ex 32-34). – leis acerca do santuário (Ex 35-40), da dedicação e consagração das leis levíticas (Lv 1-8). – O povo está acampado para receber a lei. Textos que foram escritos com a mão e a ótica dos sacerdotes.	• *Ambiente*: saída do Sinai, acampamento em Moab. • *Temas*: a marcha do povo de Deus: – 40 anos de deserto (em Ex 15 são 3 meses). – faltam comida, água e pão; resistência, dúvida, crise e desânimo (Nm 21,4-9). – Estão em marcha para Farã (Nm 10,12-36; 13). Em Nm 21,4-9 o povo murmura contra Deus.	• *Ambiente*: Monte Nebo, Moab. • *Temas*: código deuteronômico (Dt 12-26); morte de Moisés e eleição/escolha de Josué. • Ao final, Deus cumpriu a promessa de um povo numeroso, mas a terra está apenas avistada de longe. • A entrada na terra é o destaque dos chamados livros históricos (Josué, Juízes, 1 e 2 Samuel e 1 e 2 Reis).

66

2. A INTERPRETAÇÃO DA HISTÓRIA NA TORÁ

A forma de os livros da Torá narrarem a história consiste na inter-relação entre Deus e a humanidade, entre o Criador e a sua obra. Encontramos o agir e o falar de Deus como fator essencial de transformação e de orientação rumo ao projeto de vida e à concretização da Aliança. Por isso, a leitura da realidade e da história na Torá desenrola-se em três horizontes: a história política do povo de Israel (os hebreus) em consonância com a história dos povos vizinhos; a história das gerações e das famílias clânicas e a história das origens da humanidade. Esses três horizontes podem ser encontrados nas narrativas das origens em Gn 1–11; na história das famílias patriarcais em Gn 12–50; e na história da formação de Israel, que é descrita do Êxodo até a conquista da terra. A formação de Israel é introduzida pelas promessas e pela Aliança de Deus com Abraão (*em ti serão benditas todas as famílias da terra*).

Vamos ler com atenção alguns blocos que apresentam o modo de a Torá interpretar a história.

2.1. A história primitiva — Gn 1–11

Os textos das origens (Gn 1–11) são os mais visitados e muitas vezes carregados de interpretações. Ao ler esses capítulos, vamos deparar com textos extremamente ocupados pela teologia moral, pela teologia dogmática e pela interpretação alegórica. Podemos lê-los com essas chaves, porém é preciso ter presente que eles se esmeram em olhar para o presente e para a realidade sofrida do povo. Os grupos que estão por trás das narrativas da criação tentam ler o presente para dentro do passado. Por isso, não estão preocupados em descrever a história das origens procurando demonstrar veracidade, mas, com sutileza, querem falar da vida e dos problemas que estão enfrentando. Situação carregada de suor e dores. A chave de leitura desses capítulos encontra-se na dor, no suor, na esperança e na resistência.

Gênesis 1–11 começa de maneira generalizante e universal. São as histórias das origens dos céus e da terra. A linguagem que transparece é extremamente simbólica. Por exemplo, a serpente que fala, o jardim das delícias (Éden), o fruto da árvore do conhecimento do bem e do mal e o fruto da árvore da vida, a criação do homem do barro e a mulher que é criada da costela, a arca e os gigantes, a cidade e a torre. Eis as formas de linguagem que aparecem nesses onze capítulos:

a) Genealogias

Gn 1,1–2,4:	*Esta é a genealogia do céu e da terra* (do mundo), *quando Deus os fez*;
Gn 4,17-26:	descendentes de Caim;
Gn 4,27:	descendência de Set;
Gn 5:	descendentes de Adão;
Gn 10:	descendentes de Noé;
Gn 11,10–32:	descendência de Sem.

Parece que as genealogias (*toledot*) são o fio condutor que vai amarrando as histórias.

b) Sagas

São agrupamentos de histórias e tradições ao redor de um personagem; porém, a pretensão está em explicar ou refletir acerca de algum problema ou questão crucial para o grupo ou clã. Por exemplo, o relato de Adão e Eva no jardim do Éden e a expulsão do jardim (Gn 2–3); a narrativa do assassinato de Abel por seu irmão Caim (Gn 4) e a narrativa sobre a maldição das águas e a bênção ao justo e íntegro Noé (Gn 6–9).

c) Mitos ou material mitológico

Por exemplo: a serpente que fala; a vida até 936 anos; os gigantes (Gn 6,4); os querubins (Gn 3,24).

d) Narrativas didáticas

Histórias que têm como finalidade transmitir um ensinamento. Por exemplo: a criação do mundo: "É o Deus de Israel que fez o céu e a terra" (Gn 1); a aliança de Deus com Noé, com um sinal externo: o arco-íris (Gn 9,1-17).

Em um olhar panorâmico dos capítulos 1–11 do Gênesis, veremos que se trata de um texto organizado de forma concêntrica. É como o corte de uma cebola. As genealogias dos capítulos 1 e 11 são como a "casca de fora" da cebola. Depois, vem o paralelo entre as histórias de Adão e Eva, Caim e Abel de um lado e a Torre de Babel do outro. São histórias de "culpa e castigo". De novo, em seguida, temos duas genealogias (capítulos 4 e 10). Em 6,1-4 e 9,18-38, encontramos histórias que dizem respeito às relações entre Israel e Canaã. Gênesis 6,5–9,17 é a história do dilúvio, o "miolo da cebola". É a negação da criação. Os temas têm continuidade e ligações. Eis uma esquematização desses capítulos:

   A *1,1–2,4*: Criação dos céus e da terra
      B *2,4–3,24*: Criação da terra e dos céus; Adão e Eva no paraíso; a serpente
         4,1-16: História de Caim e Abel
         C *4,17–5,32*: Genealogia
            D *6,1-4*: Os gigantes
               E *6,5–9,17*: História do Dilúvio
            D' *9,18-28*: Noé e seus filhos; Cam e a nudez de seu pai
         C' *10,1-32*: Genealogia
      B' *11,1-9*: História da Cidade; Torre de Babel
   A' *11,10-32*: Genealogia

Gn 1,1–2,4a	Gn 2,4b–3,24	Gn 4,1-16	Gn 4,17–5,32	Gn 6,1-4
Criação dos céus e da terra	Criação dos céus e da terra; Jardim do Éden; Adão e Eva	Caim e Abel	Genealogia	Filhos de Deus e filhas dos homens

Gn 6,5–9,17	Gn 9,18-28	Gn 10,1-32	Gn 11,1-9	Gn 11,10-32
Dilúvio	Noé e seus filhos	Genealogia	História da Cidade; Torre de Babel	Genealogia

Nas narrativas das origens, vamos priorizar aqui uma apresentação dos dois relatos da criação, a história do dilúvio e o relato do conflito entre Caim e Abel como chave de leitura do conjunto dos capítulos 1 a 11 do livro do Gênesis.

Descanso e libertação — Gênesis 1,1–2,4a

A genealogia (*toledot* – história) dos céus e da terra tem jeito de poesia e liturgia. Aliás, encontramos estrofes e refrões. Esses últimos dão a cadência e ritmo do texto. Parece uma poesia que tenta animar o povo e ajudar a refletir acerca da situação de destruição (contracriação). Por isso, o relato começa descrevendo a situação antes da criação: *No princípio, Deus criou o céu e a terra. A terra estava sem forma e vazia; as trevas cobriam o abismo e um vento impetuoso soprava sobre as águas* (vv. 1-2). A criação é a vitória sobre o vazio, o nada e o deserto.

Estamos numa situação de crise. Estamos no exílio, pois o Sábado (tradição forte na cultura e organização do povo de Israel e Judá desde o período tribal) parece estar distante. O texto, ao dar ênfase ao dia de Sábado (o sétimo dia), quer reivindicar descanso diante de muito trabalho. No entanto, as gentes deportadas, desenraizadas e oprimidas na Babilônia sabiam que para adquirir o direito à vida era necessário travar uma luta contra os ídolos e os deuses do poder (o sol, a lua e todo exército dos céus). É preciso despoluir os céus dos ídolos e da ideologia.

O exílio da Babilônia foi uma dura experiência para o povo. Na primeira deportação, em 597 a.C., foram levados para a Babilônia os membros da elite de Jerusalém e parece que muitos se estabeleceram com sucesso. Principalmente nas atividades comerciais e burocráticas. Já na segunda deportação, em 587 a.C., foram levados trabalhadores e lideranças, que provavelmente foram concentrados em assentamentos agrícolas (junto aos rios da Babilônia). Eles estavam totalmente submissos e massacrados pelo sistema tributário babilônico. No aspecto ideológico, Marduk é o deus dominante, reverenciado sob a imagem do sol. Ao seu templo deviam ser trazidos todos os tributos, para que fosse respeitada a ordem do mundo. É o grande deus que comanda a natureza. É o chefe dos céus.

Muitos textos apresentam as marcas e as dores dos deportados. Muitas leituras e releituras. Podemos encontrar os sinais do exílio no livro das Lamentações, na profecia de Isaías 40–55, no livro de Ezequiel, nas releituras das profecias e outros. Várias leituras e vários grupos exilados. Gênesis 1,1–2,4a apresenta-se muito mais como a leitura dos grupos que reivindicam e travam uma luta contra a opressão e a espoliação e comemora a queda das divindades babilônias, parceiras e legitimadoras da espoliação.

Podemos perceber que Gênesis 1 tematiza e destaca a criação da luz. Aliás, o quarto dia é central na criação. A luz perpassa os dias da criação: no primeiro dia, Deus cria a luz e demonstra que não precisa da ajuda dos luzeiros para criar a luz. E, depois de seis dias, Deus conclui a criação dos céus e da terra, bem como os *exércitos dos céus*, isto é, os astros (Gn 2,1). No entanto, sabemos que a terminologia *exércitos dos céus* quer naqueles tempos indicar as divindades assírias e babilônicas. Os astros (sol, lua e estrelas) são a base das celebrações e de toda ideologia assírio-babilônica. Assim, os escravizados, ao reivindicar para Iahweh a criação da luz, das estrelas e do sol, estão destronando os deuses e divindades do opressor. O ato criador de Iahweh implica a derrocada e caída dos deuses.

Dias	Obras
1º	Luz
2º	Firmamento
3º	Terra seca e plantas
4º	Luzeiros: sol — lua — estrelas
5º	As águas, os animais aquáticos e os pássaros
6º	Os animais selvagens e domésticos A humanidade
7º	Descanso

Além do destaque à criação da luz, a narrativa da criação culmina no Sábado como dia do descansar de Deus diante de toda a sua obra. A hora do exílio é a hora da criação e do descanso. Eis o grito e a voz da-queles e daquelas que estão sob o controle dos exércitos e que mais e mais são obrigados ao trabalho forçado. Estão junto ao rio Cobar (Ez 3,15), nas margens dos rios da Babilônia (Sl 137), e são comumente designados como "servos"/"escravos" (Is 42,1). São os trabalhadores obrigados a produzir para os babilônicos. Por isso, ao descrever as obras, nossos autores e autoras intencionam o sétimo dia. Querem que aconteça o Sábado. Descanso para as mãos, os pés, os corpos cansados e dilacerados.

O Sábado é de grande importância para a vida do povo. A prática do Sábado na história de Israel é uma tentativa de barrar e pôr fim ao processo de opressão e exploração. O Sábado é uma prática antiga. Não nasce no exílio. Em meio à opressão babilônica, o povo simplesmente quer recordar e reler na atualidade uma antiga tradição, que dizia assim: *trabalhe seis dias, mas descanse no sétimo, tanto na época do plantio como durante a colheita* (Ex 34,21). Assim, podemos sentir que o Sábado nasce totalmente integrado ao trabalho do camponês no Israel tribal. Nesse tempo, era preciso garantir o total controle sobre o trabalho e a produção (*tanto na época do plantio como durante a colheita*). Na situação de exílio, é preciso celebrar a memória do Sábado como descanso e controle do trabalho e da produção. Assim, o Sábado torna-se nesses dias o grito dos explorados que exigem o direito do descanso e da libertação. Deus descansou no sétimo dia! E nós? Eis a grande pergunta e provocação dos exilados.

As marcas da vida fora do jardim: Suor e dor! — Gênesis 2,4b–3,24

Em Gênesis 2,4–3,24, vamos deparar com a descrição da opressão do homem sobre a mulher, na vida sofrida e dura dos camponeses que são obrigados a trabalhar mais e mais para conseguir comer do fruto de suas mãos. E a vida fora do jardim é carregada de sofrimento e de dor.

De um lado, a vida no jardim é a garantia de vida segundo o projeto da casa camponesa e da tribo (Gn 2,4b-25). E, de outro, a vida fora do jardim é marcada pelo processo de opressão (Gn 3,1-24).

Nesse segundo relato da criação, deparamos com a descrição do projeto de vida no mundo da roça. É a formação da terra e dos céus, em que Adão (que pode significar a humanidade e o homem da roça) é criado do solo fértil (roçado) e destinado a cultivar esse mesmo solo.

Na casa, aparece muito forte a convivência entre homem, mulher e animais. Vivem em grande proximidade. Aliás, a vida é marcada por um projeto igualitário. É memória dos agricultores que sonham e buscam a vida no jardim das delícias. A narrativa está carregada de símbolos que visam transmitir e ensinar que a terra é para todos e que nesse jardim há espaço e trabalho. A terra existe para ser trabalhada e fornecer alimento. Cultivar e guardar o solo para gerar a vida.

Também é importante notar que a convivência entre homem e mulher é marcada pela complementaridade. Não é por menos que a mulher é criada como companheira e de extrema significação para a vida da família. É *osso dos meus ossos*.

Em Gênesis 3,1-24, deparamos com o projeto da expulsão do campo e do jardim das delícias. As relações de igualdade estão quebradas e destruídas. Na relação com os animais, agora imperam a luta e a inimizade. A relação homem e mulher é determinada pela opressão e dominação. E a relação com a roça e o trabalho é marcada pelo projeto tributário. Para se ter o fruto do trabalho, é necessário muito suor e aumentar as dores do parto. Assim, trabalho e geração de filhos são agora sinais de morte e antivida.

Nesse segundo relato da criação, encontramos o grande conflito entre o projeto dos camponeses e o projeto dos reis de Israel e Judá. Eis uma reflexão crítica que se estende dos séculos X ao VIII. Do reinado opressor de Salomão ao reinado de Jeroboão II, que foi marcado por um grande florescimento econômico para as elites citadinas, um aumento gradativo da miséria do povo e um forte controle militar. Assim, podemos dizer que Gênesis 2–3 tem fortes influências da leitura profética e das organizações advindas do movimento camponês.

Estamos livres da ameaça! A história do dilúvio — Gênesis 6–9

A história do dilúvio (Gn 6–9) apresenta contradições e divergências, pois, por ser um texto importado de fora de Israel, vai sofrendo um processo de modificações na narração e nas intenções. Um conto que vira contraconto. Vemos que o texto apresenta claramente aspectos culturais que vêm de fora da cultura israelita/judaica. Por exemplo, em Israel e Judá, o dilúvio não pode ser problema, pois o povo vive nas montanhas. Aliás, o drama dos camponeses israelitas encontra-se nas ameaças da seca (basta ler uma das visões de Amós: Am 7,4-6). Por outro lado, é na região mesopotâmica que as grandes enchentes tornam-se perigo para a vida.

O dilúvio na cultura e na cosmovisão mesopotâmica é possível, porque o mundo nessa visão está rodeado de água por cima e por baixo. No *poema de Guilgamesh* (textos míticos reunidos ao redor da dinastia desse grande rei da Mesopotâmia), o rei recebe a incumbência de construir uma arca e de guardar nela representantes das espécies que respiram. Eis um texto carregado de interesses políticos e ideológicos. Marduk (deus sol), o deus supremo, era poderoso e organizava o mundo por meio de seus sacerdotes que recolhiam os tributos nos templos, chamados *zigurates*. Marduk era o deus que mantinha a ordem do cosmo. Tal poder era mantido por meio das ofertas que as pessoas eram obrigadas a oferecer. Caso o povo se rebelasse e não participasse do oferecimento das ofertas, Marduk poderia de uma hora para outra irritar-se e abrir as comportas dos céus. Assim, tudo poderia ser aniquilado e destruído pelas águas por causa da rebeldia.

Em que época esse poema foi importado para Israel/Judá? Uma tese diz que seria em torno do século VIII, quando começa a dominação da Assíria sobre Israel. É a época da atuação dos profetas Amós, Oséias, Miquéias e Isaías. Assim, se o povo se rebelar, deverá sofrer o "dilúvio" dos exércitos assírios. Aliás, em Isaías 8,7, encontramos uma passagem acerca da invasão assíria no contexto da guerra siro-efraimita que compara essa invasão com uma grande enchente.

Quais são as modificações centrais sofridas no poema mesopotâmico? A principal é que, no relato bíblico, Deus se arrepende de ter destruído o povo e proclama que a destruição pelas águas não acontecerá nunca mais. E o sinal dessa promessa está no arco-íris, que é o seu arco de guerra. É a vitória sobre a ameaça. Esse relato visa destronar Marduk e acabar de vez com a ameaça do poder em destruir o povo. Enquanto no relato mesopotâmico impera o medo, o relato bíblico está repleto de resistência e esperança.

Dentro do conjunto de Gênesis 1–11, o dilúvio funciona como uma negação da criação de Deus e afirma que a humanidade está pervertida, pois pratica a violência. No entanto, o relato ressalta que existem possibilidades e esperança: haverá um resto, um pequeno grupo que vai sobreviver porque pratica o direito, a justiça e a fidelidade.

É provável que o poema mesopotâmico tenha sido escrito e adaptado no âmbito da profecia, querendo dizer para os trabalhadores e camponeses: estamos livres da ameaça mágica de destruição do mundo! É preciso, porém, reorganizar a vida tendo como base o direito, a justiça e o temor perante Deus.

Ser guardião do irmão! — Gn 4,1-16

Essa narrativa quer tratar da relação entre irmãos. O nome Caim, o irmão maior, está vinculado ao verbo *adquirir*, *criar*. Caim foi lavrador da terra, ou seja, em Caim continua a história de Adão. Abel quase não aparece. Significa vento, vazio, nada. O fato de não ser ressaltada a sua figura nos fornece uma chave de leitura. A narrativa quer tratar da história do homem, lavrador da terra, perante seu irmão menor. Olhando bem o relato, somos tentados a nos fixar na questão dos sacrifícios oferecidos por Abel e Caim, em que Deus se agrada, ou melhor, olha com agrado para a oferta de Abel. Os sacrifícios não importam, o que importa é a maneira como estão colocados os atores no cenário. Os dois irmãos estão diante de Deus e este fixa-se em Abel, que é débil, passageiro, sem direito, menor. Parece que se fixa em Abel não para desprezar Caim, mas porque quer que também Caim olhe para seu irmão menor. E o sangue dos desprezados é precioso aos olhos de Deus. O relato diz que Caim fica furioso; que *se lhe caiu seu rosto*, está cabisbaixo. Na Bíblia hebraica, há uma expressão especial para dizer quando os irmãos estão juntos celebrando sua solidariedade: encontrar-se cara a cara (Gn 46,30; Ex 10,29; 2Sm 3,13 e outros). Assim, *cair o rosto* quer indicar que essa comunicação está rompida.

De que grupos sociais são representantes Caim e Abel? Por certo, são dois personagens diferentes. Os narradores não deixam nenhuma dúvida de quem são os Abel deste mundo: são os pobres e os que estão condenados à não-existência. E os Caim? Livram-se de seus irmãos, matam-nos e nem sequer sabem onde estão suas tumbas.

Sou eu o guardião de meu irmão? Essa questão no texto parece dizer que não é possível não ser o guardião desse irmão condenado à não-existência. Não é possível não protegê-lo e guardá-lo. A recusa equivale ao assassinato.

Outra narrativa da Torá nos aponta o irmão resgatando e sendo guardião do irmão. Trata-se da narrativa de Abraão e Ló em Gênesis 13. Os dois se separam. Um escolhe partir para as planícies, enquanto o outro permanece nas montanhas. Ló caminha para as cercanias das cidades. Passa a ser controlado por elas, pois se torna sedentário, e Abraão continua como pastor e seminômade. Em Gênesis 14, em meio a um contexto de guerras, Ló é seqüestrado. Aí Abraão tem ares de libertador, resgatador e guardião de seu irmão. A conduta e as palavras de Abraão são paradigmáticas. É o grande modelo de uma liderança tribal e familial. O grande modelo de um guardião do seu irmão.

2.2. As histórias das Mães e Pais do povo — Gn 12-50

Nesse conjunto de capítulos, podemos de modo geral apontar para três grandes tradições: as histórias de Abraão, Sara e Isaac (Gn 11,27 a 25,18); as histórias de Isaac e Jacó (Gn 25,19 a 36,43) e, por fim, as histórias de Jacó e seu filho José (Gn 37,1-50,26).

Para a leitura desses três conjuntos literários, gostaríamos de destacar três aspectos importantes:

a) Histórias de famílias

Nesses capítulos, temos como que histórias de famílias/clãs (de Sara, de Agar, de Abraão, de Isaac, Jacó, Lia...), mas que também são histórias do povo de Israel. Cada narrativa tenta descrever e apontar questões e conflitos presentes na vida do povo. É uma forma de narrar que aponta para problemas maiores. Um exemplo está na famosa saga ou conto acerca dos perigos que um casal enfrenta ao entrar numa cidade, território ou país. Basta ler e comparar Gênesis 12,10-20; 20,1-18 e 26,1-11 para perceber o quanto um acontecimento ou fato torna-se pano de fundo para três diferentes relatos. Quais as intenções? Qual a conjuntura e realidade por trás desses relatos? Qual o relato mais antigo? Com certeza, esses relatos misturam o passado com a realidade presente.

Olhando para os três relatos, percebemos dois desses marcados por uma forma teológica de narrar, enquanto um se restringe a contar o fato. Observamos que em Gênesis 12,10-20 Sara é libertada por meio da intervenção de Deus (as pragas enviadas contra o faraó), o que parece totalmente marcado pela teologia do Êxodo; em Gênesis 20,1-18, Sara é libertada porque Deus intervém por meio do sonho que apresenta Abraão como profeta. E, por fim, Gênesis 26,1-11 não apresenta nenhuma intervenção de Deus para solucionar o problema: Rebeca vai ser libertada porque o rei, pela janela, a viu em meio a carícias com Isaac.

Por aí podemos notar como os grupos elaboram suas narrativas, tendo por base a realidade que estão vivendo e a reflexão que querem provocar nos ouvintes e leitores.

Evidentemente, é difícil assegurar qual dos relatos é mais antigo. Há uma grande tendência a apontar Gênesis 26,1-11 como a narrativa mais popular e antiga, pois não está carregada de teologia. No entanto, dentro do conjunto de Gênesis 11,27–36,43, é literariamente apresentada como dependente das narrativas de Abraão e Sara. Dito isso, gostaríamos de apontar para o segundo aspecto.

b) As histórias não são contínuas

As narrativas de Gênesis 11,27–36,43 (histórias de famílias/clãs) não são lineares. São vários episódios que aos poucos foram sendo costurados uns aos outros. Essas pequenas narrativas são conhecidas como perícopes. Histórias independentes que fazem parte da memória popular e que serão colecionadas e costuradas por alguns fios condutores. Descobrimos, no mínimo, nesse conjunto literário, quatro fios de costura: genealogias, itinerários, promessas e narrativas.

- *Genealogias*: são as listagens de descendência que marcam nosso conjunto do início ao fim. Podemos percebê-las em Gênesis 11,27-32; 12,4-5; 19,36-38; 22,20-24; 25,1-18; 35,23-26 e 36,1-43. Notaremos ainda que essas genealogias são apresentadas segundo a perspectiva dos pais e chefes, como Abraão, Isaac, Jacó, Esaú... No entanto, por meio desses nomes as narrativas estão sendo costuradas e de certa maneira os grupos estão tentando reconstruir a identidade familiar/tribal.
- *Itinerários*: como se trata de narrativas sobre grupos de seminômades e migrantes, não poderia ficar de fora do modo de costurar essas narrativas a listagem das pousadas, dos

lugares e dos caminhos trilhados. Logo de início, encontramos a perspectiva itinerante na história de Abraão: *Taré tomou seu filho Abrão, seu neto Ló, filho de Arã, e sua nora Sarai, mulher de Abrão. Ele os fez sair de Ur dos caldeus para que fossem à terra de Canaã, mas, quando chegaram em Harã, aí se estabeleceram* (Gn 11,31). Conhecer os caminhos e os itinerários é primordial para a sobrevivência dos pastores.

- *Promessas*: encontramos textos marcados pelo futuro e cheios de expectativas. Estas perpassam quase todo o conjunto. Por exemplo, Gênesis 12,1-3 tem lugar de destaque, pois encabeça de modo programático as narrativas de Abraão. Aliás, faz parte das portas de entrada para a leitura das histórias de Abraão e Sara. As promessas apresentam-se na forma de fala/discurso divino: 12.7; 13.14-17; 18.18; 21.12 etc. Inclusive os capítulos 15 e 17 estão totalmente voltados para a promessa.

- *Narrações*: encontramos episódios ao redor do poço (Gn 21); a história do casamento de Isaac e Rebeca (Gn 24); a história da sepultura de Sara (Gn 23); o conflito de Abraão e Ló (Gn 13); episódios relacionados a Sodoma, Gomorra e cidades-estados (Gn 14; 18–19); histórias de Agar e seu filho (Gn 16 e 21); o sacrifício de Isaac (Gn 22); o conflito de Jacó e Esaú (Gn 25 e 32); sepultamento de Jacó e de José (Gn 50) etc.

c) O jeito novelístico de narrar os conflitos

Ao ler o caso de Agar e Ismael, somos tentados a recriar a cena (Gn 16 e 21) ou, no relato do sacrifício de Isaac (Gn 22), somos levados a olhar para as reações de Abraão diante das ordens de Deus e de Isaac diante do sacrifício que seu pai irá realizar. Em Gênesis 37 a 50, vamos deparar com um conjunto de narrativas que circulam ao redor de um personagem, com intencionalidade e objetivos específicos. Estamos falando de um conjunto de textos com o estilo novelístico. Gênesis 37 a 50 é conhecido como a "novela de José".

Essa novela desenvolve em detalhes alguns problemas que aparecem nas famílias patriarcais e tece uma trama de intrigas e conflitos entre irmãos (Gn 37). José é colocado num poço, vendido e entregue aos mercadores pelos irmãos (Gn 39). No Egito, a novela passa a apresentar a ascensão de José ao trono e à corte (Gn 40–41). Passados os anos, a fome e as necessidades levam seus irmãos ao Egito (Gn 42–44). Por fim, a novela termina com o encontro e reconciliação entre José e seus irmãos (Gn 50).

Quais as intenções e os objetivos da novela de José? Aqui não poderemos entrar nos pormenores. Há leitores que apostam no caráter sapiencial da novela, pois a apresentação da figura de José como sucessor do trono no Egito quer ressaltar as intrigas das sucessões monárquicas, de modo especial, as narrativas da sucessão de Davi em 2 Samuel 9 a 1 Reis 2. Nesse sentido, é comum situar a novela de José no ambiente dos funcionários da corte de Jerusalém no período da ascensão de Salomão (século X a.C.). Eis uma novela que legitima tanto o poder dos altos funcionários da corte quanto a política de tributos. Por isso, a novela, com artifícios teológicos e sapienciais, defende a idéia de que o Estado, seus funcionários, os tributos e o armazenamento dos alimentos são necessários para a vida do povo. O debate que se trava por trás da novela de José é o momento da virada do tribalismo para a monarquia ou são os primeiros cinqüenta anos da monarquia. Enquanto lemos em 1 Samuel 8,11-17 a crítica profético-camponesa do sistema monárquico ou, na profecia de Oséias, a denúncia do princípio dos erros de Israel que reside em Gabaá (lugar da violência e quebra da hospitalidade tribal: cf. Jz 19-21 e lugar da monarquia benjaminita: cf. 1Sm 11), a novela de José é uma novela envolvente e emocionante para legitimar a monarquia.

2.3. Êxodo — Um Deus presente e libertador: a luta contra a opressão e o resgate da dignidade do povo (Ex 1–15)

O relato do Êxodo é o preferido dentro da Bíblia e o evento que alimentou e tem alimentado a caminhada das comunidades pobres da América Latina. No Êxodo, o Deus dos hebreus é um Deus presente e que atua para libertar o seu povo da casa da escravidão e para assegurar uma sociedade alternativa.

De certa maneira, um evento tão importante para a formação do povo de Israel irá receber muita atenção e releituras no decorrer da história. Numa leitura atenta de Êxodo 1–15, iremos perceber diversos conjuntos redacionais e diferentes estilos de linguagem (por exemplo, a mistura de textos com estilo narrativo e estilo profético). Contam-se episódios em meio à apresentação de um Moisés profeta. Portanto, Êxodo 1–15 não foi redigido apenas pensando e conjugando as memórias da experiência da saída do Egito (século XIII), mas também olhando e construindo essa história na perspectiva da saída da Babilônia e na busca de reconstrução do povo (séculos V e IV). Nesse processo de formação do relato, podemos destacar quatro momentos:

- O primeiro momento está relacionado com a própria experiência de fuga do Egito. Esse primeiro nível de relato apresenta-se fragmentado, pois está situado na experiência feita pelos que se rebelaram contra o sistema egípcio e cananeu. Acontecem vários êxodos. No final do século XIII, as condições de vida do povo em Canaã (nas vilas e vilarejos das cidades-estados) são de profunda pobreza. Os agricultores eram duplamente explorados: obrigados a pagar tributos aos reis locais e extorquidos pelos exércitos faraônicos.

Diante de tamanha pobreza, o Estado não conseguia arrecadar nem tampouco podia aumentar os tributos. Por isso, procura aperfeiçoar a corvéia (trabalho forçado), em que os agricultores passam a trabalhar intensamente para os senhores das cidades. Nesse momento, os diferentes grupos estão fazendo a memória de suas lutas e celebrando as vitórias. Uma dessas lembranças encontramos no Cântico de Míriam (Ex 15,20-21).

- O segundo momento está relacionado com a formação das tribos de Israel, que se dá a partir das várias revoltas camponesas contra as cidades-estados cananéias. É o grito contra os tributos e os trabalhos forçados impostos pelos opressores. Esses grupos de camponeses e trabalhadores retirantes refugiam-se nas montanhas e iniciam uma nova organização.

- O terceiro momento está relacionado com a leitura que a profecia apresenta acerca do Estado de Israel e Judá. Assim, o conflito entre hebreus e Egito ou hebreus e cidades-estados agora é marcado pelos conflitos e lutas sociais dentro do próprio povo. Os hebreus hoje são os camponeses empobrecidos e o Egito é a própria casa de Israel ou casa de Judá (como são apresentados os Estados de Israel e Judá pelos profetas).

- O quarto momento situa-se no período de exílio e pós-exílio. É quando o povo vive entre as marcas da opressão de Nabucodonosor (Babilônia) e a ilusão de liberdade no período de Ciro e Dario (império persa). Nesse momento, a leitura do Êxodo é primordial para apontar esperança de unidade e tentativas de reconstruir a identidade, a cultura e a dignidade do povo.

a) Na busca da identidade: uma história dos nomes!

O ambiente que marcou os diversos êxodos no período da dominação egípcia e que está determinando o processo de releitura dessas experiências é o da devastação e da destruição promovidas pelos babilônicos. A realidade que está impulsionando uma releitura do Êxodo é o cotidiano de uma gente sofrida, desfigurada nos seus corpos e rostos. Ao lermos o retrato da situação do povo camponês empobrecido nas Lamentações, na profecia de Ezequiel e do Dêutero-Isaías (Is 40–55), percebemos uma gente sem Deus, sem identidade, sem terra, sem casa, sem pai e mãe, sem descanso, sem rei, sem templo, sem líderes, sem alegria, sem... tudo. Eis o retrato de uma gente sem nome! E esta irá promover uma leitura do Êxodo na perspectiva da lembrança dos nomes.

Falar em nome na cultura de Israel e, principalmente, no contexto do pós-exílio remete-nos para as genealogias e os projetos de Esdras e Neemias. No entanto, a busca de identidade nesse momento crucial não é somente um projeto das elites de Judá. É um projeto que circula em meio aos empobrecidos e que recebe fortes influências da tradição sapiencial e da resistência do povo da roça, das vilas e aldeias. Na leitura de Êxodo 1–15, não aparece com força o projeto de busca da identidade a partir do templo e da lei. Nesses capítulos, prevalece o projeto da sabedoria da casa: a busca da identidade por meio da memória dos antepassados e das tradições.

Assim começa o livro: *Nomes dos filhos de Israel que foram para o Egito com Jacó, cada qual com sua família* (Ex 1,1). Esse título já nos aponta essa perspectiva do livro: resgatar os nomes que não podem jamais ser esquecidos. Começando pelos dos patriarcas e dos chefes clânico-tribais. Nos primeiros versículos (Ex 1,1-7), são mencionados dezessete nomes, com suas casas e famílias. Nomes que fazem a ligação com as histórias dos patriarcas (memória das mães e dos pais presentes em Gênesis 12–50) e que também irão pôr medo no faraó e na corte egípcia.

Em Êxodo 1,15-22, encontramos a memória de um episódio e dois belos nomes. Trata-se da história das parteiras que desobedeceram ao faraó. As duas parteiras *Sefra* (*Beleza*) e *Fua* (*Esplendor*) transgridem a lei, mesmo sabendo que tal atitude poderia custar-lhes a vida. O respaldo da organização subversiva do povo e a coragem de resistir estão totalmente integradas com a desobediência de *Sefra* e *Fua*. Reis e imperadores naqueles tempos tentavam acumular bens e mais bens, e com isso se diziam donos do trabalho e do corpo do povo. É o controle da produção e da reprodução. Na resistência das parteiras, porém, o poder encontrou um grande obstáculo. Assim, a ação das mulheres é profética e sapiencial. No relato do Êxodo, deparamos com um poder que tem medo da barriga grávida da mulher, que é lugar de gestação da libertação. Por isso, trata-se de violentar crianças e mulheres. As parteiras receberam uma ordem do faraó: matar os meninos. Elas, porém, desobedecem e mentem, porque buscam a sobrevivência e a vida do povo. *Sefra* e *Fua* mostraram para o rei que elas têm poder, não de armas e violência, mas de decidir pela geração ou não da vida. Mas a força da ação dessas mulheres vem marcada pela experiência que fazem de Deus por meio do corpo, do parto e da margem. Corajosas na decisão pela vida e pelo corpo livre do povo.

O nome dessas parteiras, com sua ação corajosa na defesa da vida, remonta-nos na época pós-exílica à memória de muitas mulheres que lutam contra a Lei, contra a imposição da raça, contra a supremacia do Templo e as leis em defesa dos pobres que não estavam sendo cumpridas. Lembranças da coragem de Tamar (Gn 38); da ousadia e sagacidade de Rute e Noemi (Rt 1–4); da irreverência da sulamita (Ct 1–8) e da esperteza de Ester (Est 1–10).

Em Êxodo 2,1-10, deparamos com duas mulheres: mãe e irmã que buscam solução para salvar a vida de um menino. E, com esperteza, conseguem. Elas estão no seguimento das parteiras. Aliás, são dois sinais de rebeldia. Duas mulheres que desobedecem à ordem de matar os meninos (1,15-22) e duas que obedecem à ordem de jogar o menino no rio (2,1-10). Eis uma cena cheia de sabedoria, pois quem conta sabe encenar e prender os leitores e leitoras. Essa história não é nova. Muitos personagens famosos (da corte) de povos vizinhos eram apresentados com histórias e relatos semelhantes. Costumava-se contar que eles foram preservados em vida, quando criancinhas, por acontecimentos especiais. Com isso, podemos dizer que estamos diante de um texto com expressões sapienciais mitológicas. Estamos diante de uma saga. O texto, porém, apresenta dois traços dessa identidade: ele é um *levita* e seu nome é *Moisés* (vv. 1 e 10).

O nome *Moisés* parece derivar do verbo egípcio *msj,* que tem o sentido de "dar à luz". Por exemplo, encontramo-lo em nomes egípcios: *Ra-msés* (= *dado à luz por Ra* ou *filho de Ra*). No entanto, os autores de Êxodo 1–15 apresentam o nome de *Moisés* a partir de um verbo hebraico *mxh* com o sentido de "tirar": *eu o tirei das águas* (Ex 2,10). Mas o grande detalhe da apresentação de Moisés na Torá é que ele é *profeta, líder, pastor e levita.* Seu profetismo está associado ao curandeirismo, à magia e à tradição dos levitas. Conforme Deuteronômio 33,8-11, o profetismo de Moisés é definido em relação ao zelo pela Justiça, pela Torá e por Iahweh.

No relato de Êxodo 2,23–3,22, encontramos a apresentação do nome de Deus. Eis um texto carregado de teologia. A rigor, o título de uma perícope busca apresentar toda a unidade:

> *Muito tempo depois, o rei do Egito morreu. Os filhos de Israel gemiam sob o peso da escravidão, e clamaram; e do fundo da escravidão, o seu clamor chegou até Deus. Deus ouviu as queixas deles e lembrou-se da aliança que fizera com Abraão, Isaac e Jacó. Deus viu a condição dos filhos de Israel e a levou em consideração.*

Eis a apresentação das ações de Deus e da situação do povo no Egito. Esse conjunto pode ser dividido em quatro partes:

2,23-25: introdução e apresentação;
3,1-6: cena da sarça e aparição do anjo e do próprio Iahweh;
3,7-14: o nome de Deus e o envio;
3,15-22: a fala de Deus.

Êxodo 3,7-14 é o trecho mais carregado de teologia desse livro. Começa apontando para a situação de opressão no Egito, quer falar da dor (vv. 7 e 10). Nos vv. 11-12, fala da crise de Moisés diante da missão, e nos vv. 13-14 culmina com a apresentação do nome do Deus libertador.

Tudo começa com o grande ato de Deus: Deus "vê". É um ver que vem acompanhado de solidariedade e de co-participação. Podemos dizer que é um ver carregado de compaixão. No v. 7, encontramos a definição deste "ver" de Deus: é um ver intenso e que se relaciona com o "ouvir", "conhecer" e "descer". Os vv. 7-8 demonstram pelo *eu vi, eu vi* que Deus vai inclinando-se para ouvir/ver/conhecer; enquanto o v. 9 apresenta o "ver" de Deus como que provocado pelos gritos/clamores que chegam até ele. Esse "ver" de Deus, que se apresenta carregado das dores do povo, é um "ver" que experimenta a opressão, a humilhação, a violência física do seu povo. É o "ver" que defende os pobres! Eis uma teologia que conflui a dor de Deus diante da opressão do povo (um Deus comovido) e o projeto de libertação da gente escrava.

Nessa perspectiva, Moisés é o grande mediador. Tem ares de profeta. Até mesmo tenta esquivar-se da missão e da vocação. Como muitos profetas, contesta o chamamento: *Quem sou eu?* Parece querer dizer que não está apto para a missão. Aliás, o jeito de narrar a vocação de Moisés tem as marcas de textos proféticos: Amós; Samuel; Jeremias... Moisés questiona e quer saber o nome de Deus. E a resposta de Deus se encaminha por um simples *eu estou contigo* na tarefa de libertar os escravos e as escravas da opressão do faraó do Egito. Eis o nome de Deus: 'ehyeh 'axer 'ehyeh ("serei o que serei", ou "estarei que estarei", ou ainda "acontecerei que acontecerei"). O nome de Deus está marcado pela ação. Seu nome está no verbo: ser/estar/acontecer. Com isso, os redatores do livro do Êxodo e, sobretudo, aqueles e aquelas que experimentam as dores advindas do processo de opressão e empobrecimento querem dizer que Iahweh é um Deus que está andando e acontecendo no processo de libertação do povo.

Nomes sagrados na defesa da vida e da liberdade. Nomes importantes e teológicos que precisam ser conservados para a garantia da identidade perdida. Assim este livreto (Ex 1–15) dentro do Êxodo quer resgatar a dignidade e as raízes culturais do povo. Ganham atualidade os nomes de Moisés, de Aarão, de Sefra e Fua, de Míriam e de Deus. Nomes que garantem a libertação. Muitos nomes, rostos e jeitos na caminhada de um povo livre.

b) Êxodo: memória de um Deus que opera milagres!

O rosto que transparece no livro do Êxodo é o de um Deus que opera o milagre na luta. A memória do evento do Êxodo está alicerçada pelos milagres que Iahweh opera contra o faraó e os opressores do seu povo. Em Deuteronômio 6,20-25 e 26,5-9, são destacados os sinais e milagres proporcionados por Iahweh. Milagres realizados pelo braço estendido. Esse milagre do livramento dos hebreus, que é obra exclusiva de Iahweh, designa a opção de Deus em defesa dos fracos e oprimidos. Iahweh enfrenta o opressor. Eis o grande teor da descrição dos sinais e prodígios que Iahweh envia contra a casa do faraó (Ex 7–13) e da grande luta travada junto ao mar (Ex 14–15).

Em Êxodo 4,1-9, aparecem os três primeiros sinais com a nítida função de converter Moisés para a grande tarefa de libertar o povo. Esses sinais objetivavam: Moisés aceitar a missão e o povo aceitar a liderança de Moisés. Já em Êxodo 7–12, aparecem outros sinais, agora contra a casa do faraó:

Ex 7,8-13:	vara transforma-se em serpente;
Ex 7,14-25:	água torna-se sangue;
Ex 7,26–8,11:	rãs;
Ex 8,12-15:	piolhos;
Ex 8,16-28:	moscas;
Ex 9,1-7:	peste;
Ex 9,8-12:	úlceras;
Ex 9,13-25:	chuva de granizo;
Ex 10,1-20:	gafanhotos;
Ex 10,21-29:	trevas;
Ex 11,1-10; 12,29-34:	morte dos primogênitos.

Os dois primeiros sinais são prodígios de transformação, que causam espanto e desconforto. As rãs, os piolhos e as moscas causam mais desconforto ainda, pois são muito desagradáveis. A peste atinge os animais, enquanto as úlceras atingem as pessoas, entre elas os magos do faraó. Já a chuva de pedras e os gafanhotos são destruidores da economia. E, por fim, as trevas desorientam as pessoas. No entanto, o sinal da morte dos primogênitos e o afogamento do faraó e seu exército no mar são decisivos para a libertação. Esses sinais tornam-se a grande memória da luta de Iahweh contra o faraó e a libertação do povo da casa da servidão. E a máxima desses sinais é a certeza de que Iahweh combate em favor do povo. Memórias semelhantes desses sinais podem ser encontradas nos Salmos, que, junto com o relato do Êxodo, celebram as ações de Iahweh (cf. Sl 78,43-51; 105,16-36; 135,8-9; 136,10-15 e outros).

A narrativa dos sinais no Êxodo mostra quatro pontos fundamentais para a caminhada do povo e para o processo de libertação:

- O interesse da luta não é a conquista do poder em primeiro lugar, mas a libertação. Por isso, os sinais estão evidentes num grande refrão: *deixa o meu povo partir para que me sirva* (Ex 7,16; 9,1; 10,3). Não se pode servir a Iahweh em meio à escravidão. Deus acontece contra as opressões.
- É necessário fazer distinção entre oprimidos e opressores.
- Iahweh e faraó não convivem pacificamente. Não existe aliança entre esses dois projetos. Por isso, o grande refrão do endurecimento do coração do faraó: *endurecerei o coração do*

faraó e ele não vos deixará sair (Ex 7,3.22; 9,12.30; 10,1.20.27; 11,10). O endurecimento do coração do faraó apresenta-se como um obstáculo à realização da promessa de Deus de um povo numeroso, da libertação dos hebreus e da posse da terra.
- Os hebreus, no processo de libertação, devem tomar dois cuidados: a conversão de momento do opressor pode enganar (Ex 8,4.24; 9,27-28; 10,16-17) e contrapropostas e concessões parciais podem corromper a luta (Ex 8,4; 10,11.24).

c) Celebrar a libertação! Celebrar a Páscoa!

A Páscoa nos tempos antigos era uma festa de iniciação e de fertilidade. Antes de receber toda a significação e o sentido de libertação do povo hebreu escravizado no Egito, essa celebração tinha o objetivo de festejar a passagem para o novo ano agrícola e a busca de novas pastagens para o rebanho. É uma festa da primavera.

Numa leitura atenta de Êxodo 12, encontraremos um antigo memorial dessa festa nos ambientes pastoris e camponeses. Há dois elementos importantes apresentados pelo texto: o cordeiro e os pães. A festa do cordeiro é uma celebração que acontece à noite, ao redor do fogo, e tem a participação de todo o clã. E o tamanho do cordeiro equivale ao tamanho do clã. É a comemoração do grupo dos pastores que se preparam para a busca de um novo pasto. Celebração de organização da caminhada. Já a festa dos pães acontece por uma semana e é marcada, no início e no final, por assembléias do clã. É uma festa de camponeses que celebravam os primeiros frutos da roça e se organizavam para o próximo plantio e semeadura. Pastores e camponeses se juntaram nas montanhas por ocasião da formação do Israel tribal e, nessa junção, foram-se integrando cada vez mais as tais festas de primavera.

Cordeiro e pães, elementos primordiais da festa da Páscoa, recebem um sentido mais amplo: o de comemorar e celebrar a libertação dos hebreus e das hebréias das garras do faraó e dos reis das cidades-estados. Eis uma festa livre que aos poucos foi sendo incorporada aos interesses do templo e do Estado, como podemos ler em 2 Reis 22–23, quando o rei Josias a oficializou. Podemos dizer que até o século VII a Páscoa era uma festa de memória e celebração da colheita e da luta pelos clãs e tribos. Não era oficialmente promovida pelo palácio e pelos santuários. Numa festa não oficial é que devemos enxergar a releitura e memória do Êxodo. Lugar privilegiado para cantar a liturgia dos "sinais" e cantar o grande prodígio de Iahweh com tamborins e danças: *Cantem a Javé, pois sua vitória é sublime: ele atirou no mar carros e cavalos* (Ex 15,21).

No segundo livro dos Reis 23,21-24, encontramos a ordem do rei Josias para a celebração da Páscoa em Jerusalém. Diz o texto que essa ordem segue o que está escrito no livro da Lei. Se olharmos para Deuteronômio 16,1-7, veremos que a lei não determina o lugar para festejar a Páscoa. *É o lugar em que Iahweh Deus houver escolhido*. A monarquia de Josias faz uma leitura da lei e determina o lugar. Centraliza e concentra a Páscoa em Jerusalém. Passa a ser festa oficial.

E o que aconteceu com a festa da Páscoa (instituída e oficializada pelo rei Josias) no momento de maior crise e desintegração do povo, que foi o exílio da Babilônia? Sabemos que muita gente foi desterrada e gradativamente foi perdendo a dignidade, a identidade e a perspectiva de vida. Para os grupos que ficaram na terra, só restou lamentar e chorar. Se lermos as lamentações dos grupos que choram a destruição de Jerusalém, veremos por todos lados os sinais de miséria, fome, dor, desesperança e perda. Os cantos das lamentações apresentam-nos o quadro de uma situação que torna impossível celebrar a Páscoa. Como celebrá-la em meio a tamanha dor e destruição? Para os grupos que foram exilados, o que restou foi o choro doído de saudades da terra. Muitas lembranças ficaram para trás...

Não há mais um lugar determinado para a celebração. Podemos supor que a festa volta a ser realizada em diversos lugares, pois o povo está disperso. Os grupos liderados pelos discípulos e discípulas de Isaías, que junto com o povo resgataram a tradição, devolveram Deus para o povo, lutaram pela saída e promoveram o novo Êxodo, devem ter festejado a sua Páscoa. Também os grupos que seguiam a meditação profética de Ezequiel devem tê-la celebrado com alegria, sobretudo sabendo que Iahweh está com eles no exílio (Deus também fora exilado!). Esses e outros grupos comemoraram a Páscoa longe de Jerusalém, da oficialidade, do templo e dos sacerdotes. Páscoa celebrada em outros lugares. Festa que ultrapassa os sacrifícios templários e resgata na prática e luta do povo um de seus belos sentidos: a libertação.

A Páscoa é festejada com fartura, partilha, solidariedade e compromisso para enfrentar as marcas da opressão. Comer o pão sem fermento como desejo de mudança das estruturas opressoras e nunca se esquecer de que o acúmulo entre uma colheita e outra é para a festa e não para o enriquecimento e a geração de desigualdades sociais. Festa para comemorar os muitos êxodos e fazer a memória dos nomes e das experiências de libertação.

A celebração da Páscoa conservava as características próprias do projeto igualitário: comemoração das famílias e nas casas. Festa de comunhão e de partilha dos primeiros frutos da terra. Festa que visava evitar o acúmulo do que era produzido. Assim, o material e os gestos desse acontecimento lembravam a saída do Egito e a Aliança com Deus. Sua realização anual dava forças ao povo para enfrentar as ameaças dos faraós, reis e impérios.

Vale salientar que a Páscoa se tornou o evento primordial para a recuperação da dignidade de vida. A reconstrução do povo acontece alicerçada nessa festa. Essa perspectiva podemos encontrar no ambiente cristão, quando no projeto de Jesus e dos seus seguidores e seguidoras a celebração da Páscoa se realiza no ambiente das casas com intimidade, partilha e resgate da vida (cf. Mc 14,12-16). Jesus e as primeiras comunidades deram uma nova significação para essa festa: no enfrentamento da cruz e dos sinais de morte, a vitória da vida doada como salvação e restauração da Aliança. Na memória das comunidades, essa celebração é memorial do compromisso de vida com os irmãos. Por isso, Jesus é a realização total da Páscoa e da libertação. Pão que é o seu corpo partido/partilhado (Mt 26,26).

No evangelho segundo João, talvez com um pouco de espanto, vemos que no capítulo 5 Jesus está em Jerusalém, e no início do capítulo 6 ele passa para o outro lado do mar da Galiléia. Se isso não nos chama a atenção, deve-se ao fato de que não temos toda a geografia de Israel presente. O mar da Galiléia, ao norte, está a muitos quilômetros de Jerusalém. Estudiosos sugerem que terá havido algum equívoco na distribuição do material quando da composição do evangelho. O que hoje é o capítulo 6 estaria antes do que hoje é o capítulo 5. Mas quem sabe, haja outra explicação. Afinal de contas, não deixa de surpreender que Jesus esteja do outro lado do mar da Galiléia nas proximidades da Páscoa, quando todos deveriam estar em direção a Jerusalém. Não seria intencional ao evangelho mostrar que, enquanto todos se dirigem para a capital e seu templo, Jesus vai na direção contrária e, junto a seu povo, faz outra páscoa? Afinal de contas, o que se narra no capítulo 6 não é a chamada *multiplicação dos pães*, que refaz explicitamente a memória do pão do céu dado ao povo no passado, quando atravessava o deserto? Essas observações, se tiverem algum sentido, fazem-nos continuar pensando sobre que Páscoa celebramos ou queremos celebrar.

Enfim, não temos uma festa de significado único e imutável. Assim, a pergunta refaz-se hoje: o que celebramos efetivamente na Páscoa? O que significa proclamar a vitória do Ressuscitado, no contexto em que vivemos? A passagem da data e as liturgias oficiais não garantem por si a comemoração: é necessário recriar seu sentido conforme a realidade em que estamos.

Comunidades cristãs, ao se debruçarem sobre o que Paulo chama de "o escândalo da cruz", sobre o assassinato de seu messias por obra do imperialismo romano, teimam em proclamá-lo vivo. Lêem as escrituras com essa certeza e percebem nelas indicações preciosas de que sua fé não é um absurdo inominável. Atrevem-se a dizer que, ao menos dessa vez (e, a partir daí, nunca), a *pax romana* não teve a última palavra. Experimentam, qual os hebreus e hebréias no passado e no decorrer da história, a liberdade pela certeza da vitória de Jesus sobre a morte e as forças que a promovem e a disseminam.

Como celebrar a Páscoa em tempos de desemprego crescente, de destruição de condições básicas para a vida? Como renovar e revitalizar esperanças, com os pés cravados no chão? Eis nosso desafio, para que a Páscoa seja realmente memória do passado e alavanca para um futuro melhor. Contudo, as certezas do que já ocorreu insistem em nos convocar a que, como outrora os hebreus e hebréias e as comunidades cristãs, não nos conformemos e nos atrevamos a proclamar, celebrar e bradar como o poeta: "Eu sei que a vida podia ser bem melhor, e será. Mas isso não impede que eu repita: É BONITA, É BONITA E É BONITA!".

2.4. Experiências do deserto — Ex 15-18; Nm 11-36 e Ex 19-24

A temática do deserto faz a ponte entre o relato do Êxodo e a Tomada da Terra. Aliás, não dá para ler a experiência da libertação dissociada da entrada na terra prometida. Da mesma maneira, não poderemos entender o projeto e a dinâmica da Aliança se não atentarmos para a teologia do aprendizado. Esses textos tematizam os milagres de Deus e as murmurações do povo. Traçam uma reflexão da presença constante de Deus na caminhada do povo em meio à realidade ainda marcada pelo projeto de opressão do faraó. Por isso, a caminhada no deserto é assinalada por recuos, avanços e percalços dos hebreus escravizados e libertos.

O Cântico de Moisés (Ex 15,1-19) relata a experiência de libertação diante da perseguição do faraó e comemora a constante presença e companhia de Iahweh na peregrinação do povo (*Guiaste com amor o povo que redimiste, e o levaste com poder para tua morada santa* — v. 13). Esse cântico celebra o Iahweh guerreiro que luta em favor do povo perseguido e desprotegido. É cântico de vitória, pois descreve a derrota das tropas do faraó. Iahweh faz o povo ameaçado passar pelo mar a pés enxutos. Em outras palavras, Iahweh abre o caminho para que o seu povo caminhe rumo à realização da promessa e concretização da Aliança.

O Cântico de Míriam (Ex 15,20-21), profetisa e cantora, também celebra a vitória. É a grande líder da festa da vitória. As mulheres vão nas suas pegadas com tamborins, instrumentos e muita louvação ao Deus da vida e da Aliança.

As águas amargas de Mara (Ex 15,22-27) dão início a um conjunto de murmúrios do povo no deserto. Estamos diante da grande dificuldade enfrentada no deserto: a falta de água. O início da perícope é marcado pela falta de água e o desfecho se dá com uma grande fartura de água. As águas formam a moldura da narrativa. No entanto, o centro reside nas ordens e no caminho a seguir. Isso demonstra que a caminhada no deserto implica compromissos e responsabilidades. Podemos dizer que esses são os dois critérios para a ação curadora de Iahweh.

A narrativa do maná (Ex 16,1-36) quer enfrentar a problemática da fome e da saudade do tratamento desumano no Egito (*Era melhor termos sido mortos pela mão de Javé na terra do Egito, onde estávamos sentados junto à panela de carne, comendo pão com fartura. Vocês nos trouxeram a este deserto para fazer toda esta multidão morrer de fome!* — v. 3). A resposta de Iahweh está no maná como resposta não ao que o povo quer comer, mas às necessidades do momento, a grande fome. O maná é projeto diferente do vivido nas garras do faraó. Por isso, o maná vem carregado de critérios e ordenanças: deve ser colhido em quantidade suficiente para que não haja sobras e acúmulo. A base da Aliança de Deus com o povo está no projeto de partilha e a narrativa do maná vem ilustrar que aqueles que não seguem o projeto de Deus, acumulando e guardando para o outro dia, só realizam uma coisa: criar vermes e bichos na Aliança.

O conselho de Jetro (Ex 18,1-27), sogro de Moisés, encaminha para o projeto de justiça. O agir na justiça implica a descentralização do poder. A função dos líderes é exercitar a justiça pela consulta a Deus, pelo julgamento das pequenas causas e pelo ensinamento dos estatutos e leis.

O código da Aliança (Ex 19–24) visa à preservação da liberdade por meio da vivência e da fidelidade à Aliança. Evidentemente que o ponto alto do código está nos Dez Mandamentos. Estes apresentam Iahweh como o grande libertador do povo — *Eu sou Javé, que fiz você sair da terra do Egito, da casa da escravidão* (Ex 20,2) — e apontam o caminho para a plena liberdade. Assim a grande marca dos mandamentos consiste em: o povo nunca mais voltar a viver na escravidão; conservar a liberdade conquistada; viver como irmãos e na justiça; ser sinal da Aliança com Deus por meio da organização; ser sinal da resposta de Iahweh aos gritos do povo; ser amostra do projeto de Deus (o que Deus quer, o que o povo pede e nós precisamos fazer) e ser instrumento que leva à prática do amor a Deus e aos irmãos. Não é por menos que a centralidade dos mandamentos esteja na defesa da vida. A ordem é: *não matarás!*

2.5. As leis a favor da vida — Ex 25 — Nm 10.10 e Dt 1–34

São muitas as leis da Aliança. É o maior conjunto da Torá, conhecido como a tradição do Sinai. Encontram-se em Ex 25–40, Lv 1–27 e Nm 1–10. Gostaríamos de apontar para as leis do Sábado, do ano jubilar e do combate ao processo de empobrecimento.

a) Terra livre, descanso e vida

Na Torá ou na lei (entendida mais como caminho do que como norma), destacam-se os chamados códigos legais que, surgidos em momentos diversos da vida do povo de Israel, buscaram orientar sua conduta de forma que a vida se desse tendo como eixo fundamental a justiça e o bem-estar da coletividade. Obviamente, esses textos não ocultam limites, mas chama atenção a sensibilidade diante de quem está necessitado ou é vítima de esquemas e práticas viciadas.

O código legislativo mais antigo em Israel é o Código da Aliança, que lemos em Êxodo 20,22–23,19. Sua redação deve ter acontecido por volta do século VIII a.C., na época dos grandes movimentos proféticos de Amós, Oséias e outros, mas certamente encontramos aí leis e propostas muito mais antigas. Estas possivelmente datam do período anterior à instalação da monarquia, antes do ano 1000 a.C., portanto. Estaríamos então diante de um texto dos primórdios da vida do povo, ainda quando ele estava organizado na forma de tribos, autônomas e descentralizadas.

Nem por isso tudo era festa. Conflitos existiam, bem como situações de carência e pobreza. Desigualdade de situações também era fato. Significativo, contudo, é o espírito do texto legislativo. Se lermos, por exemplo,

Êxodo 23,1-13, vamos notar uma aguda sensibilidade para com as situações de suborno e corrupção, a exigência de que não se tomem decisões jurídicas pressionadas pelo poder dos "maiorais" e de que se defenda o direito dos pobres no processo.

Mais adiante, encontramos prescrições em relação ao trabalho e à terra. Seis anos cultivada, no sétimo deve descansar, para que os pobres possam dela usufruir livremente. Eis aí a formulação mais antiga daquilo que vai ser, séculos depois, o grande apelo do jubileu bíblico, a repartição das terras e a libertação dos escravos. Paralelamente a isso, o imperativo em relação ao trabalho: durante seis dias, para que no sétimo seja possível o descanso para todos. Interessante ainda notar que precede essas prescrições a menção à memória do Êxodo e à escravidão sofrida no Egito.

Descanso, terra livre, pobres saciados, bem-estar da coletividade, eis o sentido de tantas exigências e obrigações, como que tratando de realizar a utopia que motivou o Êxodo e, enfim, a formação do povo de Israel. Não custa pensar nessas que são páginas provocantemente significativas de nosso passado e de nossas raízes históricas, culturais e religiosas.

b) Terra livre, descanso e remissão das dívidas

No Código legislativo de Israel (o Código da Aliança e o Código Deuteronômico), encontramos várias leis que correlacionam a libertação da terra com a libertação das pessoas que estão no processo de empobrecimento e de servidão. São leis que buscam estabelecer na sociedade novas relações entre as pessoas. Nesse sentido, a lei de Êxodo 21,2-11, ao delimitar o tempo de servidão e dependência para seis anos, quer garantir possibilidades de retomada da vida em liberdade, promulgando que *no sétimo ano sairá livre, forro, sem nada pagar*.

Em Deuteronômio 15, a lei do ano sabático implica remissão das dívidas. *A cada sete anos, você celebrará o ano da remissão das dívidas. Isto quer dizer o seguinte: todo credor que tenha emprestado alguma coisa a seu próximo, perdoará o que tiver emprestado. Não explorará seu próximo, nem seu irmão, porque terá sido proclamada a remissão em honra de Javé* (vv. 1-2). As relações econômicas de dívida são problemas cruciais de Israel e constituem a maior forma de subjugação e tomada da terra. Assim, a proposta de remissão das dívidas visa modificar as relações econômicas e dar um basta no processo de empobrecimento. Daí que a máxima da remissão das dívidas seja para que no meio de vós não tenha nenhum pobre (cf. v. 4). Nos vv. 12-18, encontramos a proposta deuteronômica acerca da libertação de irmãos que caíram no processo de empobrecimento e servidão: *ele servirá a você durante seis anos. No sétimo ano, você o deixará ir em liberdade*. No entanto, a lei deuteronômica diz que é preciso muito mais do que o simples perdoar as dívidas. É preciso garantir a retomada da vida: *contudo, quando você o deixar que vá em liberdade, não o despeça de mãos vazias: carregue os ombros dele com o produto do seu rebanho, da sua colheita de cereais e de uva. Dê-lhe de acordo com a bênção que Javé seu Deus tiver concedido a você* (vv. 13-14). Interessante notar que a lei deuteronômica compreende o perdão das dívidas conectado com a teologia da bênção, que se fundamenta na lembrança e memória da libertação do Egito: *Lembre-se de que você foi escravo no Egito, e que Javé seu Deus resgatou você* (v. 15).

A terra livre, o descanso e a remissão (perdão) das dívidas e a libertação dos empobrecidos significaram na trajetória do povo de Israel um modo de intervir na história e resgatar a vida e a bênção de Deus. Nesse sentido, o ano agradável a Iahweh proclamado pela profecia em tempos de exílio (Is 61) e a proposta do ano jubilar (Lv 25 e Ne 5) tornam-se tentativas de responder aos conflitos de posse da terra, descanso, libertação do jugo e reconstrução da vida. Entre sonhos, utopias, clamores, ideais de justiça e igualdade social e, principalmente, a garantia de cidadania é que devemos ler essas duas propostas acerca do ano jubilar.

O grito dos pobres em Neemias 5 e os sonhos e a busca de boas notícias em Isaías 61 desafiam-nos a revisitar, ler e proclamar o ano da graça, o ano jubilar (Lv 25,8-55). Jubileu (*yôbel*) quer dizer "chifre" de carneiro, que era utilizado como trombeta para anunciar o grande julgamento de Deus que visa à restauração da justiça. Eis uma lei que quer garantir o direito dos pobres à terra, à moradia e à liberdade. Levítico 25 quer fazer a memória do Deus da Aliança e da libertação que de maneira alguma aceita a pobreza, a escravidão e a fome. A lei do jubileu também visa ao resgate da dignidade e da solidariedade. Eis um ano em que se celebra e se proclama a libertação de todos os moradores da terra (25,10). Um ano que prevê o direito da terra ao descanso (25,11-12); o direito dos pobres à terra e à casa (25,10.13.23-34); o direito dos pobres à liberdade (25,10.39-54) e o direito de não ser oprimido (25,14-17). É preciso revisitar essa lei (que mexe com as relações econômicas, políticas, sociais e ecológicas) à luz dos gritos dos pobres e dos sonhos e busca de boas notícias. E ao revisitá-la somos desafiados: a fazer memória do Deus libertador, a escutar o grito dos pobres, a lutar como irmãos pela cidadania, pela justiça e pela vida.

c) A lei do Sábado e o resgate da vida e libertação das dívidas

Como pensar a lei do Sábado, o jubileu e o perdão das dívidas numa sociedade a cada dia mais desigual, exploradora, globalizada, acumulativa e consumista? Vamos buscar algumas luzes na Torá para repensar o jubileu e a remissão das dívidas na realidade da América Latina e dos países empobrecidos.

Na história de Israel, deparamos com dois momentos cruciais. De um lado, o governo dos reis de Israel que em nome de uma política desenvolvimentista exploraram o povo com pesados tributos e trabalhos forçados.

A profecia atesta e confirma esse dado. E, do outro, a situação de crise e destituição de tudo, provocada pelo exílio da Babilônia. Dois momentos cruciais e fortemente marcados por uma política de exploração e expropriação dos bens, da vida e da dignidade do povo.

Nesses ambientes, a palavra profética e sapiencial foi de grande importância na tentativa de restabelecer e reconstruir o povo em seus direitos à vida. Contudo, uma das grandes questões a serem observadas em meio a esse povo espezinhado e massacrado pelas políticas econômicas nacionais e internacionais é o restabelecimento das leis capazes de restituir a vida. Falar em ano jubilar e ano da graça necessariamente nos remete ao dia de Sábado. O *Shabat*, no seu significado ("descansar"/"fazer uma pausa") e na sua formulação mais antiga, relaciona-se com o descanso de todo o trabalho agrícola. Funciona como reivindicação ao pleno direito de descanso perante uma sociedade desenfreada nos seus desejos de exploração e florescimento econômico. Assim diz o texto do Êxodo 34,21: *Trabalhe seis dias, mas descanse no sétimo, tanto na época do plantio como durante a colheita*. Essa lei fora elaborada diante de um período de maior demanda de trabalho para o camponês: época do preparo da terra para o plantio e a hora da colheita. O tempo de descanso é reivindicado no momento em que mais se aguçam as garras do poder econômico estatal e imperial.

Mas o *Shabat* também mexe com as questões sociais. Se lermos atentamente sua formulação no Código da Aliança (Ex 19–24), vamos deparar com a possibilidade de descanso tanto para o "boi e o jumento" quanto para "o filho da escrava e o migrante". Assim, essa lei amplia o descanso e busca frear os abusos estabelecidos de exploração da mão-de-obra e força de trabalho. No entanto, as formulações da lei do Sábado dentro do Decálogo (Ex 20 e Dt 5) objetivam o dia do descanso para todos com base em duas justificativas teológicas: no livro do Êxodo encontramos como justificativa a teologia da criação (*Porque em seis dias Javé fez o céu, a terra, o mar e tudo o que existe neles; e no sétimo dia ele descansou. Por isso, Javé abençoou o dia de sábado e o santificou* — Ex 20,11), enquanto no livro do Deuteronômio a lei é promulgada com base na teologia do Êxodo (*Lembre-se: você foi escravo na terra do Egito, e Javé seu Deus o tirou de lá com mão forte e braço estendido. É por isso que Javé seu Deus ordenou que você guardasse o dia de sábado* — Dt 5,15). O Sábado é santo!

A santificação do Sábado como descanso da terra tem a sua formulação numa sociedade altamente exploradora (podemos pensar a sua formulação nos dias de Jeroboão II e dos profetas desse período que lançam voz e grito em favor dos empobrecidos), pois reivindica o fim do ciclo de exploração da terra. Descansar a terra é deixar livre a terra. Esse descanso implica remissão das dívidas.

> *Você, durante seis anos, semeará a terra e fará a colheita. No sétimo ano, porém, deixe a terra em descanso e não a cultive, para que os necessitados do povo*

encontrem o que comer. E os animais do campo comerão o que sobrar. Faça o mesmo com sua vinha e com seu olival (Ex 23,10-11).

Essa lei quer afirmar a dignidade do trabalho humano, e a sua grande motivação consiste em possibilitar que os pobres (*ebionim*) tenham o que comer.

Na perspectiva de resgatar e de estabelecer possibilidades de vida para o povo, a santificação do Sábado foi promulgada como libertação de escravos e escravas por dívidas: *Se um escravo hebreu entrar no poder de tua mão, seis anos servirá; mas no sétimo sairá livre, forro, sem pagar nada...* (Ex 21,1-11). Essa lei com certeza quer combater o processo de empobrecimento e de submissão, pois muitos israelitas empobrecidos pela política econômica passavam a viver e a trabalhar sob o jugo e autoridade de outros. Viviam num completo processo de submissão e dependência (cf. 2Rs 4,1). Em Amós 5,18-27, encontramos um dito profético que tematiza as relações de dependência e, juntamente com a lei do Sábado, visa à libertação como possibilidade de reinício para os camponeses empobrecidos.

Assim, a lei do Sábado promulga a alforria de escravos e escravas (Dt 15,12-18) e procura interferir nas relações econômicas anunciando o Sábado como o ano da remissão de dívidas (Dt 15,1-11): *no meio de você não haverá nenhum pobre.*

d) "No meio de você não haverá nenhum pobre..."

No Deuteronômio, encontramos as leis de Deus que visam impedir que haja pobres no meio do povo. Não encontramos no Deuteronômio um projeto de combate à miséria e pobreza, a exemplo de muitos projetos neoliberais, mas sim um grande projeto que tem por objetivo pôr fim aos mecanismos geradores da pobreza e miséria. Vale um parêntese: nos dias da composição de uma boa parte do Deuteronômio, havia reis com sua corte que exploravam muito o povo. Lendo atentamente Deuteronômio 15, iremos perceber um grande projeto para que não haja pobres no meio das tribos e clãs. Em primeiro lugar, é preciso perdoar as dívidas para que o empobrecido tenha vida e dignidade. Por isso, a lei ordena que a cada sete anos o povo celebre a remissão das dívidas. Com isso, a lei deuteronômica quer impedir que haja exploração do próximo e do irmão. *Não explorará seu próximo, nem seu irmão, porque terá sido proclamada a remissão em honra de Javé.* Em segundo lugar, é preciso que o povo possua a terra como herança. Sabemos que no centro da sociedade tribal estão a luta e a posse da terra. O tribalismo procurou exercitar na prática o acesso à terra e deu um impulso decisivo na busca de um modelo de vida em terra liberta da opressão. Nesse sentido, a lei deuteronômica, ao decretar que o povo possua a terra como herança, quer garantir e conservar esse modelo de vida. Aliás, garantindo a posse coletiva da terra não haverá pobres, porque é da terra coletiva que o clã tira o fruto do trabalho e supre as necessidades.

A lei deuteronômica, porém, é clara: se aparecer algum pobre, é sinal de que o mandamento não está sendo cumprido e o clã deve abrir a mão a esse irmão. Em outras palavras, a lei exige a prática da solidariedade. *É por isso que eu ordeno a você: abra a mão em favor do seu irmão, do seu pobre e do seu indigente na terra onde você está.*

Enfim, as leis da Aliança que aparecem tanto no chamado Código da Aliança (Ex 19-24) quanto no Deuteronômio são leis e orientações éticas para a vida. Surgiram com o intuito de resguardar a libertação e garantir a saída da casa da servidão (cf. Ex 20,2; Dt 5,6.15; 6,12.21-25; 8,14; 11,1; 13,5.10; 15,15; 16,1.12; 24,18.22; 26,5 e outros). Devemos ter presente que, ao memorizar e lembrar as leis, o povo na atualidade está refletindo e apresentando sua análise de uma situação que se vai tornando cada vez mais insustentável. Como dizia a profecia de Oséias: *Há juramento falso e mentira, assassínio e roubo, adultério e violência; e sangue derramado se ajunta a sangue derramado* (Os 4,2). Sinal de que a realidade e a dureza da vida exigem uma releitura do processo de libertação e das leis antigas que garantem a vida dos clãs e das aldeias. Por certo, nesse processo, as leis da Aliança, principalmente o Sábado e os mandamentos, necessitaram de atualidade.

Em Deuteronômio 15, encontramos leis que vêm do mundo camponês e agrário, de pessoas que estão empobrecendo por causa do endividamento, de pessoas que estão passando fome. São as lutas dos que perderam sua dignidade, seu trabalho e suas garantias de vida. São os que morrem, como diz João Cabral de Melo Neto, *de velhice antes dos trinta, de emboscada antes dos vinte, e de fome um pouco a cada dia...* (Morte e Vida Severina).

Sabemos que na história de Israel os clãs e a experiência tribal foram sendo engolidos e estraçalhados pelos avanços tecnológicos, como é o caso do uso do boi na produção. O boi na agricultura enriqueceu alguns e empobreceu a muitos. Assim, a herança da terra foi sendo destruída pelo projeto de propriedade privada e a solidariedade quebrada pelo enriquecimento e comércio desenfreado. O tributarismo privilegiou os interesses dos abastados, defendeu os bois e favoreceu as desigualdades sociais.

Contudo, nas leis antigas as formas de solidariedade foram tornando-se aos poucos caminho e projeto para o enfrentamento das situações de pobreza (*para que não haja pobres*). Interessante notar que as leis deuteronômicas partem em defesa dos protegidos de Iahweh: o forasteiro, o órfão e a viúva, o escravo e a escrava (Dt 10,18; 16,11-14; 24,17; 27,19 e outros) e principalmente os pobres (Dt 15,4.7.9.11; 24,12.14-15) que não têm mais o acesso aos meios de produção ou que estão a ponto de perdê-lo. Sem o acesso à terra, sem o direito ao trabalho, sem integração social, sem casa e sem cidadania. A estes as leis deuteronômicas querem ao menos garantir o direito de comer, como podemos ver em 24,19-22. Recolher o resto. Eis a lei do restolho que garante aos pobres o direito de comer. No entanto, o grande projeto deuteronômico consiste na busca de uma sociedade de iguais. Todos trabalham na terra. Todos têm o direito de comer do fruto de seu trabalho.

A prática dessas leis de defesa do direito sagrado de comer chega até o tempo de Jesus. Marcos 2,23-28 e seus paralelos (Mt 12,1-8 e Lc 6,1-5) apresentam-nos Jesus e seus discípulos aplicando o direito dos pobres. Eles passam pelos campos em dia de sábado e colhem espigas. Aos olhos dos fariseus e escribas fazem o que não é permitido fazer em dia de sábado. Lendo atentamente, veremos que Jesus apresenta o parâmetro de interpretação da lei, que é a defesa da vida e do direito de comer. A lei foi feita para servir a vida, e não a vida para servir a lei. E o exemplo utilizado apresentado por Jesus é o de Davi bandoleiro e líder de um grupo de marginalizados, desocupados e empobrecidos (1Sm 22,2 e 21,2-7) que se organizam na luta pela vida e sobrevivência.

Outro detalhe interessante que podemos perceber na aprovação de Jesus é a ampliação da lei em defesa dos empobrecidos. É direito dos pobres não só catar o restolho (as espigas que caem no chão), mas colher e trabalhar. Essa ampliação da lei cria conflitos com as autoridades, pois estas não querem em nome do sábado lutar pelo direito do trabalho para os empobrecidos e marginalizados.

3. UMA PALAVRA FINAL

Ao trilharmos por essas tradições da Torá, podemos dizer que Êxodo 1–15 apresenta-se como o ponto mais alto, pois aí se condensam a realização da promessa de libertação e a esperança de melhores dias. Nesse sentido, a Torá irá tornar-se o estatuto essencial da identidade do povo, visto que conjuga a criação e as várias etapas da caminhada do povo até a realização da Aliança. Ao apresentar uma caminhada não concluída e de promessas que precisam ser realizadas, os autores e autoras desses livros querem que os seus leitores e ouvintes possam recriar as suas esperanças na libertação. Assim, os autores convidam-nos a ler a Torá como uma "história aberta" e sempre animadora no projeto de posse da terra, resgate da identidade e dignidade do povo. A Torá relê o passado e aponta Deus totalmente inserido na vida e na luta do povo.

Resumindo

- *A leitura da Torá (e de toda a Escritura) precisa ser contextual e lida e ouvida em meio às lutas populares. Descobrimos que a luta do povo é o ninho da Escritura, tanto no sentido de que sua caminhada elucida o texto quanto no sentido de que este ilumina, anima, critica aquela.*
- *O jeito de a Torá narrar a história e analisar a realidade anima nossas comunidades na busca do Projeto de Deus. Nessa perspectiva, haveríamos de considerar que o Êxodo, a rebelião dos seminômades escravizados pelo Estado faraônico,*

não é simplesmente acontecimento do passado, mas é memória revolucionária contra novos faraós de plantão que se apresentam aos olhos do povo.

- *O contar os episódios do Egito contra novos opressores faz da experiência do Êxodo história e modelo. Haveríamos também de considerar que, para Israel, o projeto socialmente justo e teologicamente determinado pela Aliança com Iahweh é ponto de partida para sua história. A história do povo hebreu apresentada pela Torá tem como ponto de chegada a posse da terra. Israel, constituído por grupos oprimidos, tem economia, projeto político e vivência da fé diametralmente opostos aos dos seus opressores. A proposta da Torá é, pois, radicalmente teológica e profundamente humana.*

Perguntas para reflexão e partilha

1. A Torá apresenta-nos a posse da terra carregada de promessas. Em que passos da caminhada do povo podemos verificar e observar essa característica? Como podemos resgatar essas promessas hoje?
2. Como Deus se revela e que sinais de libertação de Deus percebemos hoje?
3. Quais os problemas, conflitos e dificuldades que levam o povo a murmurar contra a Aliança e o Projeto de Deus? Como Deus encoraja, fortalece e se faz presente para que o povo aprenda a organizar-se?
4. Que caminhos, projetos políticos de resistência, expectativas, sonhos e esperanças a Torá nos ajuda a descobrir hoje?

Bibliografia complementar

A FORMAÇÃO DO POVO DE DEUS. São Paulo, CRB/Loyola, 1990.

GOTTWALD, Norman K. *As tribos de Iahweh;* uma sociologia da religião de Israel liberto,1250-1050 a.C. São Paulo, Paulinas, 1986.

_____. *Introdução socioliterária à Bíblia hebraica.* São Paulo, Paulinas, 1988.

PURY, Albert de (org.). *O Pentateuco em questão;* as origens e a composição dos cinco primeiros livros da Bíblia à luz das pesquisas recentes. Petrópolis, Vozes, 1996.

REVISTA DE INTERPRETAÇÃO BÍBLICA LATINO-AMERICANA. *Pentateuco*, n. 23, Petrópolis/São Leopoldo, Vozes/Sinodal, 1996.

Capítulo sexto

PROFECIA: RESISTÊNCIA E ESPERANÇA

Pedro Lima Vasconcellos

Depois da Torá, a Bíblia hebraica apresenta-nos uma segunda parte, chamada *Neviim*, os Profetas. Nela encontramos uma quantidade considerável de memórias deste que foi um dos grandes movimentos animadores da história e da fé de Israel, o profetismo. Trata-se de uma coletânea muito variada, em prosa e poesia, em que se espelham muitos séculos da experiência social e religiosa do Povo de Deus.

Vamos tratar desse assunto em cinco momentos:

1. Em primeiro lugar, apresentaremos os aspectos variados da profecia que se desenvolveu em Israel e Judá por tantos séculos.

2. Depois, vamos tentar entender como os testemunhos e experiências proféticas transformaram-se em textos e livros que vieram a constituir a segunda parte da Bíblia hebraica.

3. Logo, vem o terceiro momento, o mais longo de todos. Faremos um percurso pela profecia desenvolvida em Israel e Judá num período de quase mil anos. Para tanto, seguiremos as trilhas indicadas pelo livro da profecia de Isaías e sua incomparável riqueza.

4. Depois disso, queremos chamar a atenção para os pontos marcantes dessa experiência profética, tão atual para nós.

5. Finalmente, vamos destacar um processo da maior importância, a releitura dos textos proféticos, os novos significados que eles vão ganhando com o passar do tempo e como isso ajuda a compreender a presença das memórias proféticas no Novo Testamento.

Com isso, será possível tomar contato com a profecia no meio do povo de Deus, em seus pontos mais importantes, e ver como a vida do povo se viu renovada, animada com a presença e a ação desse movimento. Ao mesmo tempo, poderemos perceber a riqueza que ela representa no conjunto da Bíblia e de que maneira ilumina nossa compreensão a respeito de Jesus, *um grande profeta que apareceu no meio de nós* (Lc 7,16).

1. O FENÔMENO DA PROFECIA

A profecia tem algumas características que chamam a atenção e a tornam um fenômeno todo particular. Vale a pena pensar um pouco sobre elas:

1.1. Visão e palavra

Para a maioria das pessoas, profeta é alguém com poderes para prever ou adivinhar o futuro. E não há dúvidas: em alguns casos, a profecia bíblica mostra-se dessa forma. O problema está em que muitas vezes vemos na profecia simplesmente o anúncio rápido e automático da vinda de Jesus e daquilo que ele haveria de fazer. Isso acaba fazendo com que percamos de vista que a profecia é expressão de homens e mulheres comprometidos com seu tempo. Não é de sua preferência, aliás, nem parece fazer muito sentido ficar fazendo previsões sobre distantes tempos vindouros. E ainda: a compreensão dos textos proféticos vinculados ao tempo e à atividade do Messias é fruto de um processo prolongado de reflexão sobre esses textos. Mais adiante, vamos tratar desse assunto.

No entanto, o profeta não está ligado a seu mundo concreto e presente apenas para olhá-lo, mas para buscar uma melhor e renovada percepção da realidade que o rodeia. Daí que seja necessário recorrer àquilo que não se mostra imediatamente acessível, consultar o sobrenatural. Afinal, trata-se de um fenômeno que vem das precariedades e dos limites da vida humana, ontem e hoje. A adivinhação é uma das raízes importantes da profecia. E a Bíblia a reconhece, em suas variadas expressões (cf. Gn 44,5; Jz 9,37; 2Sm 5,24), embora nos tempos posteriores a adivinhação seja cada mais combatida (cf., por exemplo, Dt 18,9-12). É importante notar também que pela adivinhação não se procurava apenas o conhecimento do futuro, mas inclusive sua mudança, se necessário. Também isso repercutirá no agir profético. Daí temos o vidente, aquele que se comunica com o mundo superior pelo recurso à visão e transmite o que viu. Os oráculos são provenientes do que se pôde ver.

Relacionadas a isso estão outras funções, particularmente ligadas à palavra. Comunicação de oráculos divinos, consultas e súplicas dirigidas a Iahweh, exigências quanto à justiça e ao direito estão contidas na palavra profética. Também a realização de milagres e de gestos simbólicos está nas possibilidades do profeta.

Contudo, não é difícil imaginar que aos poucos em Israel as funções ligadas ao ver e à palavra foram somando-se até termos, portanto, as duas num mesmo profeta, com a palavra se destacando cada vez mais. É o que se pode deduzir da informação lida em 1 Samuel 9,9: *Em Israel, antigamente, quando alguém ia consultar a Deus, dizia: "Vamos ao vidente". Porque, em lugar de "profeta", como se diz hoje, dizia-se "vidente"*. É daí que vem o termo "profeta", palavra que vem da língua grega e significa "alguém que fala em nome de" ou "aquele que fala na presença de".

1.2. Profecia dentro e fora de Israel

Estamos aqui tratando da profecia que se desenvolveu no seio do povo de Israel. Mas não foi só aí que ela se desenvolveu. Na maior parte das religiões, a profecia existe, em variadas formas. Entre os povos vizinhos de Israel, ela também se faz presente, embora tenhamos poucos registros. Para ficar num único exemplo, em Mari, na Mesopotâmia, sabe-se da existência de *muhhum* e *muhhutum*, profeta e profetisa que recebiam incumbências e revelações especiais das divindades em cujo templo atuavam e as transmitiam em forma de oráculos. São vários os registros de pedidos e mensagens da parte da divindade comunicadas ao rei por um homem ou uma mulher. Outras manifestações são conhecidas entre os cananeus: a própria Bíblia menciona os "profetas de Baal" (1Rs 18,19).

1.3. Indivíduos e movimentos proféticos

Por conta dos nomes que os livros proféticos recebem na Bíblia, costumamos imaginar a profecia como fenômeno restrito a um indivíduo isolado. Amós, Oséias, Jeremias, Ageu seriam personagens extraordinários, com uma experiência peculiar da divindade e uma compreensão diferenciada da sociedade.

No entanto, essa seria uma compreensão reducionista da questão. A profecia, até chegar aos livros que temos, é uma realidade comunitária. Na profecia de Oséias ressoam os gemidos e lamentos das mulheres prostituídas e da gente roceira em sua labuta cotidiana. Em Amós, ecoam as percepções que as vítimas do desenvolvimentismo de Jeroboão II têm do que está ocorrendo. As vozes da periferia de Jerusalém, capital do reino de Judá, ecoam em Isaías. E assim por diante. Cada memória profética apresenta-se como um "diagnóstico" peculiar e muitas vezes surpreendente da realidade vivida e das expectativas que se forjavam. Dessa maneira, coloca-se necessariamente a questão do lugar social de cada expressão profética, fundamental para sua adequada avaliação. Há que se distinguir os profetas do norte dos do sul. Aqueles se mostram profundamente enraizados na experiência das tribos e dos clãs e sensíveis a tudo o que acontece cotidianamente nesse contexto. Elias, Eliseu, Amós e Oséias articulam sua presença, denúncia e prática proféticas em profunda sintonia com as necessidades das tribos, radicalizando, por exemplo, sua crítica e seu distanciamento perante o Estado. Já os profetas do sul estão, de alguma forma, influenciados pela perspectiva davídica e pelas tradições relativas a Jerusalém, o que poderemos ver claramente em Isaías. Há ainda que distinguir a profecia que se desenvolve no espaço urbano (principalmente Jerusalém) daquela que emerge do campo, tanto em Israel como em Judá. E deve-se ainda notar que parte considerável da experiência profética em Israel e Judá se dá em plena vigência do sistema tributário, organizado principalmente por Salomão (1Rs 4–5), com todas as suas conseqüências:

militarismo, empobrecimento e desestruturação dos clãs e suas tradições, violência contra os corpos das mulheres. Não é de estranhar, portanto, que a profecia em tais circunstâncias adquira principalmente uma expressão de contestação e de busca de alternativas.

1.4. O reconhecimento do profeta

Este é um assunto delicado. O que garante que ele seja, de fato, profeta? Essa questão já se colocava na época da Bíblia, principalmente quando, em determinada situação conflitiva, apresentavam-se profetas de vários lados que apontavam para direções diferentes, defendendo interesses contrários. No caso de Elias, a sua vinculação a Iahweh parece diferenciá-lo dos 450 profetas de Baal (1Rs 18,22). Em outros casos, porém, o problema diz respeito a personagens que se apresentam em nome de Iahweh. Por exemplo, o rei Jeroboão II agiu orientado pelo profeta Jonas (2Rs 14,25). Terá sido isso que levou Amós a afirmar que não era profeta? (Am 7,14). Afinal de contas, suas ações e os oráculos que pronunciava eram claramente contrários à política real! Miquéias, por sua vez, proclama um oráculo contra os *profetas que seduzem o meu povo* (Mq 3,5), e por isso será reconhecido, ele sim, como um profeta, *cheio de força do espírito de Javé, do direito e da fortaleza, para anunciar a Jacó o seu crime e a Israel o seu pecado* (Mq 3,8).

No entanto, o conflito profético mais evidente pode ser notado entre Jeremias e Hananias (Jr 28). Este proclama boas novas ilusórias, diante da catástrofe que se aproxima, e ganha com certeza o apoio do rei e do povo em geral. E Jeremias, que profetiza no sentido contrário, é desprezado, porque suas palavras são duras, vão na contramão das seguranças ilusórias propagadas ao povo. E Jerusalém e Judá estão prestes a cair!

Existiam corporações proféticas, grupos profissionais que o mais das vezes assessoravam os reis, e contra os quais aqueles que hoje reconhecemos como profetas levantaram a voz. É o caso do oráculo de Miquéias recém-mencionado. É a tradição do povo que aos poucos vai afirmando aqueles que para o seu caminho devem ser reconhecidos como verdadeiros profetas, e isso em especial a partir do exílio. Suas palavras e seus exemplos do passado são luz para o presente, orientam nos desafios presentes. Veja o caso de Jeremias 26. O profeta, ameaçado de morte, é defendido pela gente do campo, que conserva na memória um oráculo de Miquéias sobre a destruição de Jerusalém e do Templo que não se cumprira (Mq 3,12; Jr 26,18). Nem por isso deixou de iluminar as gerações seguintes. E, nesse processo de seleção da memória profética, os profetas que anunciavam o ilusório ou a bonança, ou então ficavam do lado do poder sumiram na lembrança. Aqueles, porém, que enfrentaram conflitos e com isso abriram os olhos de seus contemporâneos foram reconhecidos. Em seu tempo, contudo, foram muitas vezes rejeitados, seja pelo poder religioso, seja pelo político, na maioria das vezes pela articulação dos dois:

Elias fugindo para não ser morto, Amós censurado e expulso, Oséias tachado de louco. Uma tradição judaica afirma que Isaías foi serrado ao meio, a mando do rei Manassés. E veja o caso de Jeremias: quantas vezes foi ameaçado de morte! Aliás, no tempo de Jesus, a fama de Jerusalém, a capital, era de que ela matava os profetas (Lc 13,34).

2. QUAIS SÃO OS LIVROS PROFÉTICOS?

Profetas e profetisas são gente de palavras e sinais. E é por meio deles que se comunicam, transmitem o que receberam de Iahweh. É difícil encontrá-los escrevendo ou registrando aquilo que comunicam a seu povo.

Na verdade, entre a palavra profética e o escrito que a registra há um longo processo. Aliás, isso ocorre em toda a Bíblia. Às vezes, é justamente a oposição que suas palavras receberam que fez que elas fossem escritas. Grupos de discípulos recolhem e registram palavras do profeta e as relacionam com fatos ocorridos a ele. Vamos a um exemplo, no caso de Amós 7,7-17. Em primeiro lugar, temos o relato de uma visão que se refere ao acerto de contas com a corte de Jeroboão, rei de Israel (Am 7,7-9). Logo a seguir, vem um texto narrativo, em que se descrevem as conseqüências que o oráculo produziu: o profeta é acusado de subversivo e expulso de Israel, não sem antes mais uma vez comunicar o que Iahweh lhe dissera (Am 7,10-17). Aí está um começo daquilo que será o livro do profeta Amós.

Além disso, a leitura constante dessas memórias proféticas levará a que sejam enriquecidas a todo momento. Afinal de contas, a palavra profética deve ser sempre viva, precisa ser atualizada para que continue falando! E poderá acontecer que memórias proféticas de tempos muito distantes um do outro tenham sido reunidas num só livro. O melhor exemplo disso é o livro de Isaías, que recolhe textos relativos ao século VIII, ao período da deportação para a Babilônia (século VI) e à etapa da restauração de Jerusalém e de Judá (séculos VI e V).

Porque essas memórias foram sendo anotadas e enriquecidas é que chegamos aos livros proféticos que hoje conhecemos. É a partir daí que a segunda parte da Bíblia hebraica se formou. No entanto, os livros aí presentes não são apenas e todos aqueles que costumamos denominar proféticos. Por exemplo, os livros de Daniel e das Lamentações estão inseridos na terceira parte. Por outro lado, livros que normalmente chamamos de históricos têm seu lugar, sempre na Bíblia hebraica, entre os profetas. É o caso dos livros de Josué, Juízes, 1 e 2 Samuel e 1 e 2 Reis. Eles narram a história do povo de Israel e Judá, desde a entrada na terra, por volta de 1200 a.C., até a catástrofe que foi a destruição de Jerusalém, em 587 a.C. Esses livros mencionados compõem, na Bíblia hebraica, os "Profetas anteriores", enquanto os demais (livros de Isaías, Jeremias, Ezequiel e o dos Doze profetas) são denominados "Profetas posteriores".

No entanto, por que esses livros de características assim tão narrativas e históricas estão inseridos entre os "Profetas" e são chamados "Profetas anteriores"? A razão está em que sempre que se conta a história, ela está sendo interpretada. E a profecia interpreta a história a partir de um lugar especial, não convencional. Não é triunfalista ao deparar com o poder e suas obras. E não teme ser voz dissonante e contestadora. As obras "faraônicas" de Ezequias, rei de Judá no século VIII (2Rs 20,20-21; 2Cr 33,30), recebem de Miquéias uma avaliação fulminante: nada valem porque são feitas com sangue e injustiça (Mq 3,10). Nos textos proféticos, é a miséria cotidiana que ganha voz e vez. São as expectativas e exigências da gente anônima que ganham corpo, fazem história e viram texto! Por isso, os livros dos reis são proféticos: eles querem avaliar a gestão dos sucessivos monarcas tendo por base o critério da fidelidade a Iahweh e da defesa dos pobres: veja as narrações relativas a Elias e Eliseu em 1 e 2 Reis! E se a profecia aponta para o futuro é porque aposta na possibilidade de uma história renovada, em que a injustiça e a morte sejam superadas, em que a vida, a alegria e o bem-estar do povo sejam realidade.

É bom lembrar ainda que entre os judeus que viviam fora de Israel, espalhados em várias regiões, e que falavam principalmente a língua grega, aceitou-se um outro livro profético além daqueles que constam na Bíblia hebraica: o de Baruc, que foi inserido na Bíblia católica após o livro das Lamentações. No entanto, ele é considerado apócrifo por judeus e evangélicos.

3. UMA COLEÇÃO PROFÉTICA: O LIVRO DE ISAÍAS

Convidamos o leitor e a leitora a fazer conosco um caminho pelo livro da profecia de Isaías. E, se escolhemos esse livro, não o fizemos por ser ele o maior dos livros proféticos encontrados na Bíblia; pelo contrário, sua extensão é devida ao fato de nele estarem contidas expressões dos mais variados momentos e situações da profecia bíblica. Além disso, ninguém negará a importância desse livro, seja por conta de seu riquíssimo conteúdo, seja pela influência que desempenhou nos tempos posteriores. Por isso, queremos nos aproximar da profecia de Israel e de Judá por meio de suas páginas, ao mesmo tempo que procuraremos aprofundar algumas de suas passagens mais significativas.

3.1. A composição do livro de Isaías

O leitor já ouviu falar dos chamados manuscritos de Qumran. São documentos da época de Jesus ou até anteriores, encontrados em 1947 à beira do Mar Morto. Pois bem, um rolo (os livros naquela época tinham essa forma) imediatamente saltou aos olhos: ele trazia o livro de Isaías em toda a sua extensão. Foi um acontecimento surpreendente; afinal de contas, o livro é grande e a maioria dos outros achados era parte de livros ou pequenos fragmentos. Essa descoberta indicou que na época de Jesus o livro de Isaías era conhecido e utilizado na extensão e com o conteúdo que também conhecemos.

No entanto, uma leitura atenta do livro mostrará que ele é expressão da vida e das esperanças de muita gente, num período bastante extenso, de alguns séculos, e que foi feito por muitas mãos, de épocas e lugares diferentes. Nele encontramos informações sobre fatos e situações muito variadas. Podemos citar alguns exemplos. Os primeiros capítulos falam inúmeras vezes de Judá e de seus reis do século VIII: Acaz, Ezequias. É o tempo de Oséias e Miquéias, um pouco depois de Amós, quando Judá era um Estado independente. Foi nessa época que viveu o profeta Isaías que dá nome a todo o livro.

Mas em Isaías 14,5-21 o texto nos leva para a Babilônia e critica a arrogância do rei opressor. Esse conteúdo faz pensar na época da deportação para a Babilônia, quando muitos judeus foram forçados a viver como exilados em terra estranha. E isso aconteceu no século VI, quase dois séculos depois do ministério do profeta Isaías! Nossa surpresa aumenta quando lemos, no final do capítulo 44 e no início do seguinte, o nome de Ciro, rei da Pérsia. Foi esse rei que tornou possível o fim da deportação e a volta para a terra de Judá, em 538! E o fim do livro nos dá a impressão de estarmos diante de Jerusalém a ser recuperada e reconstruída: essa foi uma tarefa das pessoas que voltaram da deportação junto com quem tinha ficado na terra, no final do século VI!

Por essas e outras razões, há um bom tempo nota-se a necessidade de dividir o atual livro de Isaías em pelo menos três partes. Os capítulos 1 a 39 teriam sido construídos, de forma geral, a partir do ministério do Isaías do século VIII. Já os capítulos 40 a 55 seriam fruto da experiência dos judeus que foram deportados para a Babilônia, antes que aparecesse o rei Ciro e a possibilidade de retorno à terra de Judá. E os capítulos 56 a 66 seriam mais bem compreendidos à luz do processo de reconstrução de Jerusalém após a volta do exílio. É por isso que às vezes encontramos as expressões Primeiro Isaías (que se refere ao profeta que viveu no século VIII), Segundo Isaías (relativa aos capítulos 40 a 55, da época da deportação) e Terceiro Isaías (relativa aos capítulos 56 a 66, escritos depois do retorno da Babilônia).

Essa divisão é importante para que possamos nos situar no interior de um livro extenso como o de Isaías e tenhamos uma visão geral dele. Contudo, acabamos de ver que o capítulo 14, que seria do Primeiro Isaías, surgiu na época do Segundo! E assim como esse caso existem outros. Então é preciso atenção em cada caso, para não se perder. Será importante verificar cada texto, cada oráculo, notar seu conteúdo e procurar perceber a que época ou situação cada um deles se refere. Só assim a compreensão do texto será mais segura. Afinal de contas, já dissemos que a palavra profética é sempre dirigida a uma realidade concreta, que não podemos perder de vista!

Apenas a título de anotação, processo semelhante a esse que notamos no livro de Isaías vamos encontrar também em outros livros, de maneira mais evidente em Miquéias e Zacarias. Também neles se encontram memórias proféticas de várias épocas e circunstâncias. Os livros proféticos, quase na sua totalidade, são fruto de diversos contextos históricos. São compilações de textos surgidos em circunstâncias e até regiões distintas. Escondem uma longa história. E a palavra profética foi muito mais presente na vida do povo do que à primeira vista poderíamos pensar!

No caso de Isaías, é admirável como ele conseguiu criar uma tradição que se estendeu por tanto tempo e que é a responsável pela composição e preservação do livro que leva o seu nome! Vamos percorrer as páginas desse livro, e por meio delas procuremos caminhar pelas diversas etapas e facetas da profecia bíblica.

3.2. Antes do século VIII

Quando Isaías aparece, no século VIII antes de nossa era, o movimento profético já tinha alguns séculos em Judá e Israel. Uma palavrinha a respeito dessa trajetória.

Os sinais da profecia antes da formação do Estado de Israel e de Judá (ano 1000 a.C.) são muito fracos. Isso não quer dizer necessariamente que ela não tenha existido nessa época. Existiram videntes e portadores de mensagens divinas. A memória de Balaão (Nm 22–24) é um bom exemplo disso.

Dessa maneira, não é o estabelecimento do Estado que determina o aparecimento da profecia. Mas, quando ele se forma, ela ganhará uma feição e uma presença toda particular. Afinal de contas, foi uma mudança muito grande na vida do povo: as relações tribais vão entrando em crise, a instrumentalização das mulheres vai manifestando-se, o sistema tributário vai sendo implantado. No desenrolar dos projetos de Saul, Davi e Salomão, aparecem Samuel, Natã e Gad, ora apoiando-os, ora exercendo a crítica. Mas também surge Aías, de Silo, incentivando a resistência diante de Salomão e a liberdade das tribos do norte (cf. 1Rs 11,26-40). Estamos aí no século X.

Mais adiante, já no século seguinte, quando os Estados de Israel e Judá estão constituídos, vamos encontrar as figuras marcantes de Elias e Eliseu. Eles são porta-vozes de uma profecia vivida nas situações de penúria, fome e morte principalmente de mulheres e crianças, submetidas aos projetos dos reis da dinastia de Acab. É isso que encontramos nas páginas de 1 Reis 17 a 2 Reis 13. Profetas curandeiros, vozes de mulheres e crianças anônimas, planos para a derrubada de reis. São memórias populares, provenientes de seu cotidiano, que fazem essas páginas, pouco conhecidas, prenhes de uma profecia que se expressa claramente como defesa e promoção da vida ameaçada: Iahweh age na história, interfere nos seus rumos, para tornar possível a sobrevivência de seu povo.

3.3. A profecia no século VIII

Avançamos mais um século, e nos encontramos com a figura de Isaías. No entanto, ele não está sozinho. Seu tempo é talvez a época de ouro da profecia em Israel e Judá. Ela ganha novas características:

- Salvo exceções (Jeremias é uma), sabemos pouco da vida desses profetas. Se aparecem episódios, estão sempre em relação com alguma de suas palavras.
- A ação profética expressa-se agora principalmente pela fala, por oráculos com denúncias e promessas. Esses oráculos foram acolhidos por muita gente, mas não pelos setores dominantes, que muitas vezes se viram atingidos pela fala desses malucos (veja o que diziam do profeta em Os 9,7, ou o que fizeram em Am 7,10-13!).
- Será importante, portanto, registrar suas palavras por escrito. Os grupos que acolhem a ação profética com suas palavras e seus gestos são os responsáveis por iniciar o processo que levará à elaboração dos livros proféticos que conhecemos. Pequenos panfletos recolhem as memórias proféticas para que não se percam. É o caso das visões que lemos em Amós 7–9, os oráculos de Oséias 5,8–7,16; Miquéias 3; os "ais" de Isaías 5,8-24–10,1-3. Em torno deles é que o conteúdo dos livros proféticos vai-se desenvolver, num processo de muitos séculos.
- O caráter comunitário da profecia fica reforçado. Os profetas continuam a falar tendo por base suas experiências, em que comungam com o sofrimento do povo. Amós e Miquéias falam da perspectiva da situação dos camponeses. Oséias expressa-se com base na realidade de um casamento dramático e na violência contra as mulheres. Isaías, Sofonias e Jeremias estão junto aos pobres da capital Jerusalém. Nas suas vozes são as críticas e esperanças do povo que se vão expressando. Além disso, são as comunidades proféticas que se responsabilizarão para que a memória subversiva e questionadora dos profetas não se perca.
- Outro aspecto importante é que o conflito com as instituições estabelecidas vai radicalizando-se. Palácios e templos, exércitos e juízes são atingidos por oráculos incisivos, nos mais diversos aspectos. Criticam-se a corrupção, o abandono dos pobres, a utilização do povo a serviço dos interesses

das elites (cf. Mq 3). E são denunciadas a concentração de terras, a violência com que os pobres são tratados, a riqueza concentrada.

Isaías é contemporâneo de Oséias e forma com ele, Miquéias e Amós o grande quarteto da profecia bíblica do século VIII. Esse século representa o auge do desenvolvimento dos reinados de Israel e de Judá. Nos governos de Ozias no sul (783-742 a.C.) e Jeroboão II no norte (787-747 a.C.), sem potências internacionais (por enquanto!) ameaçando no horizonte, ambos os Estados alcançam níveis de riqueza e luxo até então nunca vistos. O Israel de Jeroboão vive das glórias militares expansionistas (cf. 2Rs 14,23-29) e do esplendor do comércio crescente. Não era muito diferente a situação de Judá (cf. 2Rs 14,22; 2Cr 26,6-15). A organização do sistema tributário mostra-se altamente eficaz, arrecadando dos trabalhadores do campo o produto excedente com o mecanismo dos trabalhos forçados. Isso garante o funcionamento da corte e financia seus projetos.

No entanto, esse é apenas um lado da moeda, o mais resplandescente. Tanto luxo e opulência e tantos empreendimentos militares fizeram-se à custa da exploração mais agressiva das famílias do povo, principalmente aquelas que viviam no campo. Em Israel, a violência e a corrupção crescem (Am 2,6-8; 8,4-7; Os 4,1-3). Práticas religiosas encobrem a situação sofrida que o povo vive.

Por outro lado, esse auge sem precedentes na história de Israel e Judá é seguido muito rapidamente pela ruína. Israel cai em poder dos assírios em 722; mas a presença destes já se faz sentir por volta do ano 740. Logo depois, é Judá que cai, e em 701 Jerusalém escapa por pouco de ser totalmente destruída.

O que a profecia faz nesse momento? Qual é sua palavra? É o que veremos a seguir. Uma coisa, porém, é certa: nas movimentações proféticas e nos textos que surgiram daí vamos encontrar o povo de Judá e Israel cheio de vida, de fé, em meio a protestos e esperanças.

Já dissemos que possivelmente o século VIII representa o auge da profecia conservada na Bíblia hebraica. A ação dos movimentos proféticos em torno de Amós e Oséias em Israel, e de Isaías e Miquéias em Judá adquire uma faceta particularmente radical, além de outros tantos movimentos anônimos. Afinal de contas, o momento é particularmente denso e desafiador. E não nos esqueçamos daqueles movimentos liderados por gente que mais tarde a Bíblia chamará de falsos profetas: alguns apareceram nessa época!

a) Amós e Oséias em Israel

Amós é um não-profeta, ele mesmo se define assim (Am 7,14). É originário do sul, mas realiza suas pregações, cheias de corajosa denúncia, em

Israel, em pleno governo de Jeroboão, por volta do ano 760 a.C. Oráculos como os de Amós 2,6-16 (sobre a exploração dos pobres e em particular sobre a violência contra as mulheres), Amós 5,10-13 (sobre a corrupção da justiça), Amós 5,18-24 (contra a religião hipócrita), Amós 6,1-7 (contra o luxo da capital Samaria) são significativos, colocam em cena as pequenas e grandes explorações vividas no cotidiano do povo. Em todo o livro se respira esse ar de indignação perante as diversas formas de opressão da classe dirigente e a miséria dos pobres. Particularmente significativo é o conjunto de cinco visões no fim do livro (Am 7,1-3.4-6.7-9; 8,1-3; 9,1-4). Seus símbolos não são claros à primeira vista, mas no todo parecem indicar a ação de Iahweh em benefício do povo camponês explorado (o "Jacó pequeno" das duas visões iniciais) e sua ira contra a cidade, o palácio e o templo (terceira, quarta e quinta visões). O impacto delas é grande; não é à toa que justamente após a terceira visão, aquela que trata da destruição da cidade, o profeta tenha sido acusado de subversão junto ao rei e expulso de Betel para sua terra natal, no sul (Am 7,10-17).

A profecia de Oséias se dá alguns anos depois da de Amós. Vai além do governo de Jeroboão e presencia os últimos anos da existência de Israel, de profunda decadência (cf. relato de 2Rs 15,8-31: golpes de Estado, invasão assíria e cobrança de tributos extorsivos), antes da destruição de 722. Aí já é claro o fracasso da elite e da monarquia em levar Israel adiante. E, para completar, as poderosas forças do império assírio invadem a terra e espalham o terror, tomam a capital, Samaria, em 722 a.C., e destroem o reino (2Rs 17,1-6). A profecia de Oséias acompanha esses anos de decadência e a ruína de Israel e faz uma avaliação profunda e sofrida daquilo que está presenciando.

Nesse livro emocionado, surge a questão da religião e de seus cultos que estão destruindo a convivência entre as tribos e no interior das casas, certamente para atender a objetivos do Estado fragilizado de Israel. O capítulo 4 descreve um quadro em que as mulheres têm seus corpos usados sexualmente no contexto de rituais religiosos, ao mesmo tempo que os sacerdotes são acusados de negar ao povo o conhecimento de Deus. A frase famosa de Oséias 6,6 (*quero solidariedade, não sacrifícios*) visa exatamente denunciar uma religião que, em nome de Iahweh, desintegra a vida do povo. A profecia de Oséias surge justamente desse ambiente de destruição das casas e dos corpos das mulheres. Então não vamos surpreender-nos quando lermos com que imagens Iahweh é apresentado: mãe que ensina seu filho a andar, alimenta-o, comove-se nas entranhas e se contorce no coração (cf. Os 11).

b) Miquéias em Judá

Amós e Oséias no norte; no sul, temos a profecia de Miquéias e sua aguda crítica social. Já dissemos que o reino de Judá chegara a seu auge em termos econômicos e políticos durante o longo reinado de Ozias (2Rs 15,1-7; 2Cr 26), o que não significa necessariamente que para a população a situação fosse boa. Além disso, quando Ozias morre, por volta do ano 740, a situação política internacional é bastante tensa: o império assírio se faz mostrar em toda sua força e logo vai conquistar Israel, o reino do norte (2Rs 17). Por conta da recusa de Acaz, neto de Ozias e atual rei, em fazer parte de uma frente contra os assírios, começa a chamada guerra siro-efraimita, em que Israel e Síria guerreiam contra Judá. Acaz, então, corre para os braços do império assírio (2Rs 16,5ss). O avanço da dominação assíria vai chegar a seu ponto alto em 701, quando Senaquerib toma praticamente todo Judá, ficando ilesa apenas a capital (2Rs 18–19). É nesse contexto de avanço imperialista e de profundas transformações internas que Miquéias e Isaías desenvolverão sua missão profética.

Miquéias está em profunda sintonia com o que ocorre à sua volta, com o *meu povo* (Mq 3,3). Internamente, avança a convocação dos homens para o exército e para as grandes obras da cidade (2Rs 20,20; Mq 3,10), a concentração de terras (Mq 2,1-2), a expulsão das mulheres e crianças (Mq 2,9), a migração para a cidade. O deboche ante os donos do poder em Miquéias 2,1-5 alia-se a palavras duríssimas contra toda a elite de Jerusalém em Miquéias 3: denunciam-se a violência dos chefes contra o povo e a manipulação da fé popular pelos profetas e sacerdotes. E o último oráculo, nos vv. 9-12, parece resumir os anteriores: a denúncia atinge os governantes, que derramam o sangue do povo para verem seus propósitos realizados. No entanto, critica também a corrupção geral entre chefes, sacerdotes, profetas, que agem seguros de que Iahweh está do lado deles. A palavra profética é taxativa: a destruição do templo e de Jerusalém é inevitável. Os capítulos 4–7 do livro de Miquéias provavelmente foram escritos muito tempo depois. Compare, por exemplo, 3,12 com 4,1!

c) Isaías de Jerusalém

E finalmente chegamos a Isaías, aquele que tem suas memórias encontradas no meio dos 39 primeiros capítulos do livro com seu nome. O movimento que levará, no fim das contas, ao conteúdo que lemos de todo o livro começa, obviamente, com a ação profética desenvolvida por ele. Isaías nasceu e exerceu seu ministério profético em Jerusalém na segunda metade do século VIII. Nesse aspecto, diferencia-se de seus contemporâneos profetas do século VIII: estes são gente do campo, enquanto Isaías vive na capital. Um detalhe curioso: como ocorrera com Oséias, também a mulher de Isaías se faz presente nas memórias proféticas contidas no livro: ela é explicitamente chamada de profetisa (Is 8,1-3). Morando em Jerusalém, sua profecia será testemunha das transformações vividas pela capital e seus pobres nesse contexto turbulento.

O ministério profético de Isaías. Podemos dividir a atuação de Isaías em quatro momentos principais. Todo o livro é marcado pela impressionante visão narrada no capítulo 6, em que Isaías se encontra com o Santo. Ela marcará profundamente a visão teológica de Isaías, inclusive seu vocabulário (cf. Is 1,4; 5,19.24; 10,20; 31,1). A consciência da santidade de Iahweh leva o profeta a dar-se conta da iniqüidade que campeia por toda parte, obra da elite governante. Sua profecia se desenvolverá com base nesse contraste.

Num primeiro momento, mais ou menos correspondente à época do reinado de Joatão (740-734), a preocupação de Isaías é marcadamente social. Os textos são muito parecidos com os de Amós, que tinha pregado em Israel alguns anos antes. O luxo e a opulência reinantes na capital (cf. Is 2,7-8) não permitem encobrir a real situação vivida pela sua gente. Lemos denúncias dramáticas em relação à condição dos pobres de Jerusalém, e aos desmandos da classe dirigente (cf. Is 3,12-15). A concentração de terras é também notada e atacada (Is 5,8-24), bem como a confecção de leis iníquas e injustas (Is 10,1-4).

O profeta investe contra o formalismo religioso dos dirigentes, que buscam mascarar com o culto a opressão que praticam; é o que se lê em Isaías 1,10-17. Não se trata de um tema novo na profecia; Amós tinha insistido nele (Am 5,21-24). No entanto, em Isaías a exigência de justiça tem objetivo claro: a viúva e o órfão estão prioritariamente nas intenções do profeta. São principalmente eles as vítimas da situação de ameaça militar, de convocação para a guerra, de construções e mais construções, de perda da terra.

Um segundo momento importante é marcado pela guerra siro-efraimita, entre os anos 734-732. Já falamos dela. É o tempo das intervenções descritas no chamado "Livro do Emanuel" (Is 7–9). Nesse contexto, a intervenção de Isaías se dá no espaço das relações e decisões políticas. O apelo à fé (Is 7,9) no poderio de Iahweh se traduz em não aderir ao império assírio para enfrentar os irmãos do norte; os quais serão derrotados em breve. Contudo, a não-aceitação por parte do rei, agora Acaz, da palavra do profeta e da possibilidade de pedir um sinal traz como conseqüência um oráculo de castigo e de desastre para o rei e para Judá (Is 7–8). É muito significativo notar aí as crianças mencionadas e seus nomes simbólicos (Is 7,3.14; 8,4.18); são a manifestação da crítica às políticas adotadas, que não levam em conta as reais necessidades do povo e não manifestam a fidelidade a Iahweh. O desastre então é inevitável. Esses nomes, porém, são também sinal do novo que o profeta espera e anuncia para um futuro breve: paz e justiça (Is 8 e 9).

Isaías não foi ouvido; aliás, um profeta nunca é bem-aceito em sua terra (cf. o que Jesus vai dizer tanto tempo depois: Lc 4,24). Por isso deve ter-se retirado de cena temporariamente. Alguns anos mais tarde (entre 725 e

715), vamos encontrá-lo de novo, já no tempo do rei Ezequias. Num oráculo que deve ser desse tempo (Is 14,28-32), a crítica é endereçada à Filistéia por se animar com a morte do monarca assírio e estimular anseios de independência. Mais uma vez, o profeta insiste em que a esperança deve ser depositada em Iahweh. Sua casa, no monte Sião, é o verdadeiro abrigo dos pobres. Outro oráculo (Is 28,1-4) critica a arrogância das elites de Israel, o reino do norte, e responsabiliza-as pela iminente queda de Samaria nas mãos dos assírios.

Um último momento importante da ação de Isaías se dá no contexto da invasão assíria sobre Judá e quase destruição de Jerusalém. Mais uma vez, o olhar político de Isaías mostra-se contrário a uma resistência suicida, o que não significa que seja favorável à ação do imperialismo estrangeiro (cf. Is 14,24-27). Boa parte dos oráculos encontrados em Isaías 28–31 é considerada dessa época. Neles transparece a radicalidade do profeta, condenando a aliança com o Egito e a arrogância assíria. A ação das lideranças políticas de seu povo é condenada porque não leva em conta os desígnios de Iahweh.

Aspectos principais da profecia de Isaías. É importante destacar o que dissemos anteriormente: todo o ministério profético de Isaías é realizado à luz da consciência radical da santidade de Deus. É o Deus santo que o impele. A partir daí compreendemos seu empenho incansável pela justiça, no qual se nota a influência de Amós. O tom de crítica social de seus oráculos é incisivo: censura a elite dominante por seu orgulho, pelo acúmulo que realiza e injustiças que pratica. No contexto da cidade, que tem seus governantes com os olhos voltados para o estrangeiro, a situação das viúvas e órfãos é terrível, e ninguém se importará com eles. No âmbito da justiça, não fazem caso deles (Is 1,17); desinteressam-se de sua causa (Is 1,23) ou, se existe interesse, é para terem os bens usurpados (Is 10,2). A profecia de Isaías é particularmente sensível a essa situação. Junto a isso vem a denúncia de uma vivência religiosa que encobre as iniquidades cometidas e a realidade sofrida pela população. Suas denúncias e seus apelos nesse sentido encontram-se em todas as páginas de sua profecia (cf. em especial Is 1,10-17).

Por outro lado, no campo da política, surge a toda hora a exigência da fidelidade. Isaías está profundamente marcado pelas tradições próprias de Jerusalém: Iahweh escolheu Davi e a cidade santa com seu templo no monte Sião (ambas as tradições mostram-se, por exemplo, no texto de 2Sm 7). Nesse sentido, ele diferencia-se de seus contemporâneos Amós e Oséias, que têm em relação ao templo e à monarquia do norte condenações categóricas. E distancia-se também de Miquéias que, mesmo sendo do sul, tem uma visão muito mais crítica a respeito do templo e de Jerusalém.

Contudo, isso não significa que para Isaías a situação de Jerusalém e de Judá esteja segura e que não haja problemas e exigências. A escolha por parte de Iahweh não pode ser motivo para falsas seguranças. É por meio dela que as palavras de Isaías tomam a direção da cobrança, de exigir a conversão para a fidelidade a tal eleição. Na medida em que isso não acontece, Sião e Davi vão aos poucos sendo compreendidos de outra forma. O Templo passa a ser visto principalmente como lugar de refúgio dos pobres (Is 14,32). E em relação a Davi vão crescendo as expressões utópicas: é a fragilidade da criança junto com a radical dedicação à justiça que simboliza o Davi que Iahweh quer para conduzir o seu povo (Is 9).

Podemos ver a síntese do ministério de Isaías no grande sonho que manifesta para Jerusalém, sua cidade: que ela seja *Cidade da Justiça e Cidade Fiel* (Is 1,26). Nesse sentido, vale a pena refletir sobre o oráculo em que tal expressão aparece, Isaías 1,21-26 (1,27-28 é certamente adição posterior). Ele deve ser datado do início do ministério do profeta. Contudo, poderia ser situado no final, quando Jerusalém escapou por pouco de ser destruída pelos assírios, o que vem mostrar o quanto seu conteúdo é significativo para ilustrar a ação e a mensagem de Isaías.

O texto inicia com um lamento, que faz lembrar Oséias pela imagem utilizada. Jerusalém, antes, era cidade fiel, onde havia relações dignas entre sua gente. Agora, porém, prostituiu-se. Antes era lugar do direito e da justiça, mas tornou-se agora antro de assassinos. Pelo que se lê a seguir, essa violência é obra da elite governante. As relações comerciais ficam corrompidas, funcionários correm atrás de suborno e de presentes. Nesse contexto, a causa da viúva e do órfão não tem lugar. O texto vai progressivamente centrando seu foco na elite dirigente, que converteu Jerusalém nesse antro que o profeta denuncia. O anúncio que vem a seguir apresenta a palavra de Iahweh que garante sua intervenção. Primeiramente, ele vai se vingar e depois recuperar a situação inicial da cidade, que para Isaías se confunde com os tempos de Davi. Iahweh vai purificar juízes e conselheiros, para que a cidade volte a ser o que era antes. Só assim ela merecerá os títulos de *Cidade da Justiça e Cidade Fiel*.

Com isso, encerramos nosso rápido percurso pela atividade profética de Isaías de Jerusalém. Suas memórias reúnem oráculos e narrativas e concentram-se principalmente entre os capítulos 1 a 10 e 28 a 31 do livro. Nelas encontramos o núcleo básico daquilo que haverá de ser o livro bem mais extenso que hoje lemos em nossas Bíblias. É um longo caminho, em que a profecia de Isaías ganhará novos leitores e leitoras, situados em novos contextos e desafios, que trataremos de percorrer.

3.4. A profecia em Judá no século VII até o exílio

Do desaparecimento de Isaías, que teria sido serrado ao meio por ordem do rei Manassés, filho de Ezequias, até que tenhamos manifestações proféticas incluídas no livro com seu nome, passa-se um longo período. Vamos então ver como a profecia desenvolveu-se nesse intervalo.

a) Repressão e violência

Durante o reinado de Manassés, que durou mais de meio século, não temos notícia de movimentos ou expressões proféticas. Isso ocorreu certamente por conta da grande repressão que estava ocorrendo (2Rs 21,16). No entanto, estava sendo preparado o movimento que vai surgir mais tarde e que levará à reforma deuteronomista de Josias. Talvez Naum e sua crítica ferrenha ao domínio assírio pudessem situar-se aí. Ou então teriam surgido um pouco depois, próximo à destruição de Nínive, capital da Assíria, em 612.

b) Sofonias, Hulda, Habacuc e a reforma de Josias

De qualquer maneira, é após a morte de Manassés que vamos reencontrar a profecia em evidência. Sofonias mostra-se em muitos aspectos próximo de Isaías, não apenas pelo fato de ser companheiro dos pobres de Jerusalém. A descrição crítica da vida social e religiosa da capital é expressiva. São denunciados aqueles que se submeteram ao domínio assírio, expresso inclusive nos cultos introduzidos em Jerusalém; os responsáveis pela violência e pela corrupção que tomaram conta da cidade; a elite que se beneficiou do sistema imperialista implantado (cf. Sf 1,4-13). As palavras de esperança são endereçadas aos pobres (Sf 2,3; 3,12-13): a prática da justiça e a busca de Iahweh serão a base para a renovação da vida do povo.

Nesse contexto se insere a reforma deuteronomista do rei Josias (2Rs 22-23), quando as memórias de Isaías são recuperadas em textos como o de Gênesis 15 e estimulam o reerguimento do povo após o domínio assírio. É dessa época o rápido testemunho relativo à profetisa Hulda, em 2 Reis 22,11-20. Ela denuncia a idolatria e a situação de calamidade em que vive o país, destinado à destruição. No final do século, temos Habacuc, quando os babilônios aparecem como força imperialista ameaçadora (cf. Hab 1,5-11). A preocupação é, mais uma vez, com a situação do povo. Os "ais" de Habacuc atingem governantes, os praticantes da violência, da extorsão, da idolatria (cf. Hab 2,5-18). O apelo dramático do profeta é pela persistência, insistindo em que *o justo viverá por sua fidelidade* (Hab 2,4). São palavras de conforto e ânimo aos pobres para que resistam, que mais uma vez lembram muito de perto Isaías e seu apelo à fidelidade endereçado à casa de Davi (Is 7,9); aqui se trata de promessa aos abandonados, que praticam a justiça.

c) O ministério de Jeremias

A ação profética de Jeremias durou algumas décadas, desde antes da reforma de Josias até depois da destruição de Jerusalém pelos babilônios (586 a.C.). Portanto, atua durante os últimos dias do reino de Judá. As relações tensas com o poder real em Jerusalém, às voltas com o poder imperial estrangeiro, que agora é o babilônico, lembram o contexto e a ação de Isaías. No entanto, sua postura em relação ao templo, vigorosa e ousada, classificando-o de "covil de ladrões" (Jr 7), está mais para Miquéias que o profeta de Jerusalém. E isso provavelmente porque tanto Miquéias como Jeremias são oriundos do interior de Judá e por isso mais livres e críticos diante de Jerusalém. Jeremias assiste aos últimos anos da independência de Judá e à primeira deportação de exilados para a Babilônia (em 597 a.C.), onde se encontra o sacerdote e futuro profeta Ezequiel. E presencia também a destruição total de Jerusalém (Jr 39), tendo permanecido, após essa catástrofe, junto ao povo pobre, que não foi deportado, ajudando na reconstrução de suas vidas (Jr 40). Até que foi levado para o Egito, onde veio a falecer (Jr 42–44).

Jeremias então participou de um momento decisivo e dramático na história de seu povo: a destruição de Jerusalém e a deportação de sua gente para a Babilônia, em 587. Quanto ao horror que isso representou, pode-se ver os poemas e cânticos do povo recolhidos no livro das Lamentações. Esse novo momento será fundamental. A crise exige olhar e rever o passado para compreender a história à luz da palavra profética. Olhar para o passado a fim de entender o presente e inventar o futuro. Os próprios oráculos proféticos serão recuperados e ganharão novos significados nesse contexto de desolação, mas também de teimosas esperanças, para forjar um futuro melhor. É nesse contexto, extremamente fértil, que novos relatos e memórias proféticas vão ser anexados ao livro dos oráculos de Isaías. E aí vamos ver a Palavra de Deus ganhando formas novas, em situações novas!

3.5. Isaías na história de Judá

Se, por um lado, com a destruição de Jerusalém pelas tropas de Nabucodonosor algumas centenas de pessoas foram levadas para o exílio na Babilônia, *todos os chefes e os notáveis..., e todos os ferreiros e artesãos*, por outro lado, ficou *o povo mais pobre* (2Rs 24,14). Ou seja, ficou na terra destruída grande parte do povo de Judá. E no seu seio a experiência profética manifestou-se. Abdias lamenta a falta de solidariedade demonstrada pelo povo vizinho, os edomitas, quando a capital foi destruída.

Mas a profecia manifesta-se também na assim chamada "Obra Histórica Deuteronomista". Essa obra procurou tecer a memória da história do povo de Israel e Judá desde a tomada da terra até a catástrofe que foi a destruição de Jerusalém. Recolhe tradições de todos os tipos, avalia criticamente quase todos os reis de Israel e de Judá, e deve ter recebido sua forma final na época do exílio, entre a gente que permaneceu na terra de Judá. Compõem a obra os livros do Deuteronômio, Josué, Juízes, 1 e 2 Samuel, 1 e 2 Reis. Ela propõe uma visão da história de Israel e Judá baseando-se nos princípios éticos e teológicos indicados pelo Deuteronômio: aliança entre Iahweh e o povo, o apelo pela justiça e pela superação da pobreza e ainda o combate sem tréguas à idolatria. Mas os relatos sobre os profetas têm um lugar muito importante nela. É à luz da profecia que a história de Israel e Judá será avaliada. Para os autores dessa obra, a tragédia aconteceu porque os princípios propostos pelo Deuteronômio e atualizados na profecia não foram seguidos! Em vez da aliança com Iahweh, a infidelidade e a idolatria; em vez da justiça e a superação da pobreza, a miséria e a opressão.

Nesse contexto, convém recordar as memórias que a obra deuteronomista conserva a respeito de Isaías. Em 2 Reis 18,13–20,19 encontram-se relatos sobre sua presença e intervenção no contexto da ameaça assíria no tempo do rei Ezequias e, um tempo depois, quando o rei ficou doente. É a única vez que encontramos Isaías agindo como curandeiro. O interessante é que o conteúdo desses capítulos também aparece quase integralmente nos capítulos 36 a 39 do livro de Isaías, sendo que aqui se encontra ainda um cântico inexistente na narração de 2 Reis. Esses capítulos são narrativos e juntam-se à coleção de oráculos que se estava criando. Ao mesmo tempo, recupera-se uma tradição esquecida até então: a do profeta curandeiro, semelhante a Elias e Eliseu. É principalmente dessa maneira que os deuteronomistas gostam de apresentar os profetas. Esses capítulos provavelmente foram retirados de 2 Reis e inseridos para encerrar a primeira parte do livro. Os capítulos 36 e 37 ligam-se aos 13 e 14, e tratam do mesmo assunto: satirizam o império, arrogante e opressor; o capítulo 39 fala de um personagem da Babilônia e serve para fazer a ligação entre as memórias de Isaías com aquilo que vem a seguir, oráculos proféticos situados em contexto completamente distinto, *junto aos canais de Babilônia* (Sl 137,1). No capítulo 38, temos a imagem de um rei temente a Deus, ao contrário do que lemos em Isaías 7 em relação a Acaz. Dessa forma, esses capítulos se ligam ao mesmo tempo com os anteriores e com os que vêm a seguir.

3.6. As releituras dos profetas

Se o tempo da deportação era oportunidade de retomar o passado, recuperar as tradições e memórias do povo para que não se perdessem, para que pudessem iluminar os passos para o futuro, também era o momento apropriado para que as memórias proféticas fossem revistas e atualizadas. O que aconteceu com Jerusalém não foi casual. As pessoas começaram a dar razão e credibilidade às palavras de destruição dos poderes que os profetas sempre vieram dizendo: foram a idolatria e a injustiça que trouxeram a destruição. Era necessário escutá-los novamente.

Esse momento da história do Povo de Deus estimula então um rico processo de retomada das memórias proféticas e o empenho em compreendê-las de maneira mais profunda. O resultado disso são novos textos, com novos conteúdos. Na maioria das vezes, o que surge são mensagens de esperança.

Pode-se ver o caso de Amós. Junto às memórias desse profeta, tão crítico das práticas dos reis e das elites governantes, aparece agora o texto de Amós 9,11-15, que fala da restauração do reinado de Davi, mas em outras condições e com outros desafios: possibilitar a reconstrução do povo, permitir que todos tenham terra para plantar. Um rei de acordo com a justiça! Algo semelhante se passa em Miquéias: pode-se comparar o que dizem os capítulos 3 e 4 a respeito de Jerusalém e do Templo!

A mesma coisa acontece com outras memórias proféticas: estamos numa fase nova, de atualização das palavras proféticas, para que elas continuem falando, agora na busca de alternativas. Os livros proféticos começam então a ser editados, e neles vão sendo acrescentados textos que expressam as novas esperanças do povo para seu futuro.

E com as memórias de Isaías, o que aconteceu? O processo foi semelhante. No livro que leva seu nome, há muita contribuição da gente que viveu o tempo depois da ruína de Jerusalém. Podemos ver alguns exemplos. Lembram-se do oráculo de Isaías 1,21-26 e de sua importância para a compreensão do ministério do profeta de Jerusalém? Pois bem: essa importância não passou despercebida. As pessoas que vêem Sião destruída, a cidade santa destroçada, afirmam a esperança pela sua reconstrução. O anseio pela justiça e pelo direito permanece e se renova. É o que dizem os vv. 27 e 28: eles foram acrescentados ao oráculo original. Os seguidores de Isaías, que mantinham vivas suas palavras, atualizam a promessa profética e indicam as condições de sua realização.

Ao mesmo tempo, essa retomada da profecia servirá para animar as liturgias do povo. Se até então os oráculos e as memórias proféticas eram conservados no seio dos pequenos grupos de discípulos dos profetas e profetisas, agora ganham a adesão de muito mais gente. E vão ser recitados nas celebrações comunitárias. Daí textos como o de Isaías 12, que encerra um importante conjunto de oráculos do livro.

Ainda nesse mesmo contexto deve ter surgido o famoso oráculo de Isaías 11,1-9. Embora muitos autores o considerem obra do Isaías do século VIII, parece melhor considerá-lo fruto das expectativas messiânicas e utópicas que ganham vida no período do exílio. Recupera-se o protagonismo das crianças tão acentuado por Isaías e é anunciado um novo brotar da dinastia de Davi, a partir de seu pai Jessé. Espera-se alguém em quem repousará o Espírito de Iahweh, para que governe para fazer justiça aos pobres. Esse tempo será de paz, simbolizada na harmonia entre os animais e as pessoas.

Como vemos, as memórias de Isaías foram grandemente enriquecidas nesse tempo de ruína e destruição. Foram importantes para não deixar a esperança esmorecer, para fazer o povo olhar para trás, revisitar seu passado a fim de compreender o presente. Tornam-se mais conhecidas, e passam agora a animar expectativas de restauração. A cidade santa será reconstruída na justiça, um novo líder guiará o povo por caminhos de paz.

Contudo, é hora de mudarmos de cenário. Vamos na direção dos milhares de pessoas que foram deportadas para a Babilônia. Lá também vamos encontrar importantes desenvolvimentos da profecia. Eles marcarão decisivamente a configuração do livro de Isaías que conhecemos.

3.7. A esperança do retorno

Podemos pensar que estamos diante de um novo momento da profecia bíblica. Até agora, os profetas agiam no contexto dos Estados de Israel e de Judá. Criticavam seu desprezo para com a vida do povo. Denunciavam as arbitrariedades dos reis e seus auxiliares. Eram porta-vozes das exigências do povo e se colocavam como participantes da resistência contra os desmandos praticados. Os estrangeiros apareciam nas falas proféticas principalmente porque eram considerados agentes de Iahweh para punir o Estado opressor e os dirigentes corruptos (é o caso de Miquéias, Habacuc e Jeremias).

Agora que o domínio imperial babilônico implantou-se a situação muda. A deportação é a realidade. A percepção também vai mudar, pois agora se está longe da terra, há submissão, impotência. Milhares de judeus, antigos habitantes de Jerusalém, estão lá cativos, submetidos. O luxo e a riqueza da capital, tão criticados pelos profetas, foram substituídos por serviço pesado. Essa "mudança radical" também fez pensar, olhar o mundo, as pessoas com outros olhos, perceber a vida com outros referenciais. Suscitou arrependimentos e revisões de conduta. Tornou possíveis novas compreensões de Deus, de sua ação e de sua presença. A própria profecia adquirirá novas feições: em vez de oráculos categóricos, alegorias e comparações; em lugar de denúncias direcionadas, extensas reflexões é que darão o tom dominante, especialmente em Ezequiel e no Segundo Isaías.

O Salmo 137 dá o tom do momento que se está vivendo. Sua linguagem é direta: expressa a opressão sentida e usa de palavras duríssimas, que nos assustam, contra o poder dominante e contra os traidores (vv. 8-9). Toda essa tensão é provocada por algo que o salmista considera inaceitável: que seus opressores lhe tenham pedido *um canto de Sião*. Mas *como cantar um canto de Iahweh em terra estrangeira*? Essa pergunta revela uma consciência muito clara: o canto e o louvor têm de ser condizentes com aquilo que se está vivendo. Como é possível cantar se o que impera é o sofrimento, a opressão, a violência?

Não é à toa que oráculos contra os impérios estrangeiros vão surgir nesse contexto. A compreensão de sua violência torna-se mais evidente. No livro de Jeremias, os capítulos 50 e 51 serão obra de gente que ficou na terra de Judá. Mas na tradição de Isaías será do meio dos deportados que vão surgir as sátiras e as palavras de destruição dos poderes imperiais prepotentes. Daí é que vamos encontrar textos como os de Isaías 13 e 14,5-21.

E é nesse contexto que surgirá um movimento profético de tamanha densidade que marcará decisivamente o rumo das memórias de Isaías. Estamos nos referindo à profecia que deixará seu testemunho entre os capítulos 40 e 55 do livro.

a) A profecia de Ezequiel

Uma palavrinha sobre a profecia do até então sacerdote Ezequiel, que também surgiu no contexto da deportação para a Babilônia. O exílio o fez profeta; as mãos agora calejadas o transformaram e também transformaram a comunidade profética formada em torno dele. Na realidade da dura escravidão, longe da terra, o olhar se alarga, o coração se abre.

As imagens do livro são impressionantes. Nós nos surpreendemos quando lemos a saída de Iahweh do templo de Jerusalém, para ir em direção às margens do rio Cobar, lá na Babilônia, a fim de estar junto aos exilados, oprimidos em terra estranha (cf. Ez 3,23). Isso para eles é novo: Iahweh vai para onde seu povo está! Para quem julgava que Iahweh estava apenas em Jerusalém, foi uma radical novidade vê-lo movendo-se, indo até junto de seu povo! Dessa novidade o profeta é emissário (Ez 3,16-27; 33,1-20).

Mas a profecia de Ezequiel sonha com a expectativa da volta. Os capítulos 33–37 projetam o regresso. O famoso capítulo 37 sintetiza essa esperança com outra imagem muito expressiva: a multidão de ossos secos nos túmulos será revigorada e se organizará para um momento novo, *em sua própria terra* (v. 14).

b) O livro da Consolação

Voltamos então ao conjunto de poemas proféticos que encontramos nos capítulos 40–55 do livro do profeta Isaías. Também aqui respiramos esperanças de retorno e de reconstrução. Apesar de estarem no livro do profeta de Jerusalém do século VIII, esses textos surgiram com toda certeza entre os judeus deportados na Babilônia. Essa certeza é baseada no fato de que Jerusalém e o templo se acham destruídos (Is 44,26-28), vive-se uma situação de deportação (Is 42,22-24), a Babilônia é satirizada e sua destruição é anunciada (Is 47). E o texto ainda nomeia quem a derrubará: é Ciro, rei da Pérsia (Is 44,28; 45,1). A partir daí não é difícil notar nos textos de Is 40–55 preocupações distintas daquelas que animaram o profeta de Jerusalém de dois séculos antes.

Por outro lado, esse conjunto de capítulos não conhece ainda a conquista da Babilônia pelos exércitos persas, embora já conheça seu comandante. Levando-se em conta que essa conquista se deu em 539 a.C., mas que Ciro começou a tornar-se conhecido no horizonte político por volta do ano 550 a.C., costuma-se colocar a redação de Isaías 40–55 em algum momento entre essas duas datas.

O conjunto consta de cânticos e poemas, numa linguagem muito próxima à dos Salmos. Talvez tenha sido elaborado para as reuniões dos grupos deportados. Por isso poderíamos estar diante de uma coletânea de textos que a comunidade de deportados produziu para suas liturgias e celebrações. Isso explicaria inclusive o caráter anônimo da coleção.

A organização do conjunto. Podemos notar uma introdução (Is 40,1-11) e uma conclusão (Is 55,12-13). O corpo do texto poderia ser considerado em dois momentos principais:

- de Isaías 40,12 a 49,13, o enfoque recai principalmente sobre o consolo e o novo êxodo que está para ocorrer e que o profeta anuncia;
- de Isaías 49,14 a 55,11, o centro é especialmente Jerusalém. O retorno dos exilados possibilitará que a cidade santa seja refeita e resplandeça.

O propósito da coleção é muito claro, manifesta-se na primeira linha do capítulo 40. Os poemas e cânticos aí reunidos são destinados a consolar e a animar o povo. Afirma-se o perdão das iniqüidades que provocaram a deportação. Já é possível antever o novo que está por vir. Agora é necessário olhar para a frente, para o que está para ocorrer, para a grande notícia que se tem a comunicar: o retorno à terra. Essa temática domina todo o conjunto e aparece em momentos decisivos (cf. Is 40,3; 48,20; 52,11-12; 55,12-13). Esse retorno que está para acontecer é comparável ao êxodo dos hebreus perante o faraó do Egito, mas é necessário não se fixar nessas memórias do passado (cf. Is 43,16-21). A natureza aclamará os que retornarem (Is 55,12), e isso será a glória de Iahweh (Is 40,5; 55,13).

O retorno tem em vista principalmente Jerusalém, mais do que Judá, que nem por isso deixará de ter suas terras repartidas (Is 49,8). Todavia, é Jerusalém o alvo principal. O texto espera inclusive que ela seja alargada para conter tanta gente que para lá se dirigirá (Is 49,19-20; 54,2-3). Mas não será a cidade opressora de antes do exílio; *serás edificada sobre a justiça.* Nisso repercute mais uma vez o anseio, que já nos é familiar, do Isaías do século VIII. Nesse sentido, chama a atenção que a reedificação do templo, embora afirmada (Is 44,28; 52,11), seja secundária em toda essa utopia da Jerusalém reconstruída que nossos textos apresentam. Também é interessante notar a ausência de esperanças em um novo rei vindo da família de Davi. Aquilo que antes fora prometido a Davi é agora endereçado ao povo exilado em via de retornar: o olhar e a bênção de Deus.

Alguém poderia pensar que os autores de nossos textos estivessem delirando. Havia reais possibilidades de libertação? Aí o olhar se alarga, e percebe o cenário internacional. As ações de Ciro, o rei persa já mencionado, permitem o otimismo. Por isso ele é chamado de "messias" (Is 45,1-7). Iahweh o guia nos seus empreendimentos militares (Is 41,1-7). A profecia continua com os pés bem fincados na realidade!

Ao mesmo tempo, pode-se sem medo ridicularizar a idolatria babilônica, que encobriu a violência cometida contra a gente de Judá (Is 46 e 47). O império construído por Nabucodonosor, decadente, está com os dias contados. Quem sabe não virá finalmente a sonhada libertação? Nossos textos apostam nela (cf. Is 52,1-12).

No entanto, não seria completa nossa apresentação dos poemas de Isaías 40–55 se não reservássemos algumas linhas para um tema que lhe é fundamental: um personagem, ou figura misteriosa, apresentado como "servo de Iahweh". Alguns textos referem-se exclusivamente a ele, os chamados "cânticos do servo de Iahweh": Isaías 42,1-4; 49,1-6; 50,4-7; 52,13–53,12. Outros textos também o mencionam. Todos eles devem ser considerados sem perder de vista o conjunto de Isaías 40–55. A interpretação desses textos é muito discutida. Vamos aqui propor uma abordagem que nos parece viável e tiramos daí algumas conclusões.

À luz de passagens como Isaías 41,8s; 49,3, seria viável tomar o servo como um coletivo, como o próprio Israel (ou um grupo dentro dele?). É a esse grupo que o profeta está dirigindo-se, mesmo nos momentos em que o texto parece dirigir-se a um indivíduo. Por meio desse servo, da missão que lhe é confiada (Is 42,1; 49,6), ficará claro que o olhar de Iahweh abrange o mundo inteiro, e alcança os grupos de Israel que estão dispersos entre as nações. Mesmo o sofrimento do servo, destacado no terceiro e quarto cânticos, será testemunhado por reis e nações. E muitos (expressão que em hebraico pode designar "todos") serão justificados por meio desse sofrimento. Assim, o servo será "luz das nações": a salvação de Iahweh não é dirigida apenas a seu povo deportado para a Babilônia, mas tem alcance muito mais amplo. Esse caráter não violento da ação do servo realmente surpreende, é parte integrante de seu agir justo e sem engano (Is 53,9): o sofrimento da gente deportada para a Babilônia e agora em via de libertação será reconhecido e reunirá o restante do Israel disperso. A luz em que o servo é convertido expressa a liberdade alcançada que projeta para seus parceiros no sofrimento a mesma expectativa. Afinal de contas, o servo é também a *aliança do povo* (Is 42,6).

Não podemos esquecer ainda que esses cânticos tiveram uma importância muito grande para que as comunidades cristãs, muitos séculos depois, pudessem compreender o sentido da ação e do assassinato de Jesus de Nazaré (pode-se ver um exemplo disso na cena de At 8,26-35). Aos olhos das comunidades seguidoras de Jesus, ele encarna e realiza a missão que Iahweh antes tinha confiado ao povo deportado na Babilônia (cf. também Mc 1,9-11, a cena do batismo de Jesus).

Poderíamos fazer ainda uma pergunta: quais as razões para que esse conjunto de poemas e cânticos tenha sido anexado posteriormente ao livro das memórias de Isaías? Talvez o fato de que tanto na profecia do Isaías de Jerusalém como nos textos dos deportados apareça um traço comum na hora de referir-se a Iahweh: ele é o "Santo" (Is 41,14; 43,3.14; 45,11). E também o fato de que os capítulos 40–55 querem retomar as perspectivas ameaçadoras e de castigo dos oráculos do Isaías de Jerusalém, para afirmar que elas já se realizaram e agora o tempo é de perdão e de libertação.

Enfim, o que surge das belas páginas do Segundo Isaías é uma certeza: Deus quer a libertação de seu povo, está preparando um novo êxodo, agora saindo da Babilônia, e para tal propósito tudo contribuirá: o aparecimento de Ciro, a decadência do poderio e dos deuses babilônicos. Até a natureza se transformará à vista do prodígio que Iahweh está para realizar (Is 55,12-13).

Essas palavras de consolação, ânimo e esperança de Isaías 40–55 marcaram profundamente a vida dos judeus no retorno à terra e na busca de reconstruir sua história. Por isso também elas terão continuadores, que vamos encontrar logo adiante. A história não pára por aí. A profecia de consolação e os cânticos do Servo Sofredor (o povo esmagado no exílio) vão provocar muitas reflexões, suscitar resistências e animar o povo a continuar caminhando com a certeza de que Deus quer a vida em plenitude.

Antes de prosseguir, deve ser mencionada a existência de outro texto, os atuais capítulos 34 e 35 do livro de Isaías. Talvez não tenham sido escritos no mesmo contexto de Isaías 40–55, mas seu conteúdo é muito semelhante. Um oráculo contra Edom, o povo que auxiliou na destruição de Jerusalém e uma entusiasmada convocação para o retorno à terra e para comemorá-lo são o conteúdo dessas páginas: é vida para cegos, surdos, coxos e mudos (Is 35,5-6).

3.8. De volta à terra

Já dissemos que desde a destruição de Jerusalém em 587 a.C. entramos numa nova fase da história do povo da Bíblia, e também numa nova etapa da profecia. Os impérios vão se suceder: primeiro os babilônios, depois os persas e gregos. E a vida do reino de Judá vai depender bastante das idas e vindas do mundo no qual está inserido. A busca por independência dá formas mais vivas ao messianismo. Controvérsias em torno das formas de reconstrução de Judá animam tendências proféticas distintas. Desenvolvem-se também as correntes sapienciais; no meio delas, a profecia encontrará seu lugar preferencial. E, de ambas, no contexto da inserção forçada no mundo imperial e suas conseqüências, surgirá a apocalíptica.

Vamos recordar os traços principais da história e da profecia nesse período e como isso repercute naquilo que será o livro de Isaías que lemos em nossas Bíblias.

Estamos por volta do ano 520, e os novos soberanos do mundo, os persas, não só estimulam o retorno dos judeus a sua terra como também se comprometem em financiar a reconstrução de Jerusalém e do Templo, destruídos há quase setenta anos pelas tropas de Nabucodonosor, o rei babilônio (cf. Esd 6,3-5). Nesse contexto, surgem diversos projetos de reconstrução, e aí se situa a profecia de Ageu e Zacarias (nos capítulos 1 a 8 do livro que leva seu nome). Algumas palavras sobre a ação do primeiro. Ele se mostra entusiasta da reedificação do templo, e convoca para tal empreitada particularmente os camponeses pobres, o "povo da terra" (Ag 2,4). Com isso, porém, quer muito mais do que os persas possam imaginar. Palácios e templos compõem necessariamente as estruturas das monarquias da época; nelas os templos desempenham, além do papel religioso, a função de arrecadadores de tributos. Por isso, ao mesmo tempo que propõe a reconstrução do templo, Ageu sinaliza para a expectativa de que o mundo seja abalado em suas bases e os tesouros das nações afluam, não para o caixa do império, mas para a glória de Jerusalém! A linguagem apocalíptica do texto de Ageu 2,6-9 não esconde o grande sonho, a libertação do tributo imperial: que ousadia por trás de profecia aparentemente tão ingênua! Daí que a profecia se encaminhe para seu ponto alto, no fim do breve texto: é hora de romper com o império, de se libertar da condição de colônia. Temos um messias, e este, do mesmo modo que seu antepassado Davi, há de liderar o povo nessa empreitada. Zorobabel, governador de Judá, é apresentado no final do livro (Ag 2,20-23) como aquele que está emergindo do caos instalado pelo "abalo do céu e da terra", como servo, sinete e eleito de Iahweh (v. 23). Ele surge ao mesmo tempo que é derrubado o trono dos reinos e são eliminados os exércitos. Templo reconstruído, messias vitorioso e camponeses livres: são ideais de Isaías recuperados em novos cenários e conjunturas!

Nesse contexto de reconstrução da vida em Judá e Jerusalém, surgiram também os textos que hoje lemos em Isaías 56–66. Embora aparentados com Isaías 40–55, seu ambiente é outro. As preocupações que os textos revelam também são outras; afinal de contas, aquele horizonte cheio de esperanças que o Segundo Isaías imaginava não se verificou.

Parece certo, também, que o conjunto seja uma coletânea de oráculos de proveniência variada. Apesar disso, pode-se perceber, por parte de quem os reuniu, uma organização bastante significativa do material recolhido. O primeiro oráculo tem relação com o último em termos de conteúdo. O segundo com o penúltimo e assim sucessivamente, até que chegamos ao centro. Nele se encontra o núcleo principal de oráculos, no qual está o eixo da mensagem de nossa coleção profética.

A – Proclamação de salvação para estrangeiros (Is 56,1-8)
B – Denúncia de líderes perversos (Is 56,9–57,13)
C – Proclamação de salvação para o povo (Is 57,14-21)
D – Denúncia do culto corrupto (Is 58,1-14)
E – Lamentação e confissão pelos pecados do povo (Is 59,1-15a)
F – Teofania de julgamento/salvação (Is 59,15b-20)
G – Proclamações sobre Jerusalém e seu profeta (Is 60–62)
F' – Teofania de julgamento/salvação (Is 63,1-6)
E' – Lamentação e confissão pelos pecados do povo (Is 63,7–64,12)
D' – Denúncia do culto corrupto (Is 65,1-16)
C' – Proclamação de salvação para o povo (Is 65,17-25)
B' – Denúncia de líderes perversos (Is 66,1-6)
A' – Proclamação de salvação para estrangeiros (Is 66,7-24)

O que chama a atenção, mais uma vez, é a opressão social e econômica praticada justamente por aqueles que controlam o funcionamento do templo recém-reconstruído e do culto no seu interior. No período logo após a restauração do santuário, houve acirrada disputa pelo seu controle, e os grupos economicamente privilegiados se apossaram do poder que ele representava, que não era apenas religioso. Daí que os oráculos de Isaías 56–66 vão carregar nas denúncias contra a perversidade dos líderes e a corrupção representada pelos cultos realizados dessa maneira (cf., por exemplo, o texto de Is 58!).

Contudo, no centro do conjunto prevalece a expectativa da salvação, e em torno dela todo o conjunto se organizou. Percebemos ainda ares daquilo que encontramos em Isaías 40–55. Dois oráculos sobre Jerusalém (Is 60 e 62) estão em torno do oráculo central (Is 61). Ele deve-se referir ao próprio profeta e ao sentido de sua missão. Além disso, ficou famoso por sua apropriação por Lucas no Novo Testamento, ao ser colocado na boca de Jesus na sinagoga de Nazaré (Lc 4,16-21).

Deve ainda ser destacada a proclamação da renovação da criação em Isaías 65,17-25, com suas belas imagens de vida e de liberdade para a criação, a ser renovada. Não é difícil perceber aí a influência de oráculos anteriores, especialmente a de Isaías 11,1-9. Note que estamos diante das primeiras manifestações, ainda tênues, daquilo que será a apocalíptica.

3.9. Sinais apocalípticos e a elaboração do livro

Pela trajetória que fizemos até aqui, pudemos ver que os textos que formam o livro da profecia de Isaías são oriundos de diversas épocas, situações e experiências. É um verdadeiro mosaico profético que se espelha nas páginas desse livro. É hora de perguntarmos, agora, pelo processo de reunião de todo esse material, que levou à configuração do livro que hoje conhecemos. Quando e por que todos esses relatos e oráculos foram reunidos? Quem realizou essa tarefa, e com que finalidade? São questões importantes, difíceis de serem respondidas. Mas podemos desconfiar!

a) Os inícios da organização

Já falamos das possíveis razões que levaram a que o conjunto de Isaías 40–55 fosse anexado às memórias do profeta Isaías do século VIII. Na verdade, essas memórias receberam toda sorte de acréscimos. Mesmo em Isaías 1–39 (genericamente atribuído ao Primeiro Isaías), descobrimos inúmeros textos que denunciam uma origem posterior. Muitos deles devem ter entrado no livro das memórias de Isaías pelas mesmas mãos que aí inseriram Isaías 40–55. É o caso de Isaías 13–14 (e provavelmente muitos dos oráculos que se seguem sobre as nações) e 34–35. São adições que se explicam pela nova conjuntura que o povo da Bíblia passa a viver com a destruição de Jerusalém e a deportação: a inserção no mundo dos sucessivos impérios que dominam a região de Israel e a situação de colônia dependente. Contudo, também as adições que as memórias de Isaías receberam na terra de Judá na época da deportação contribuíram para atualizar suas palavras e lançá-las para o futuro.

E não precisamos ficar surpresos que o conteúdo de Isaías 56–66 tenha sido adicionado a Isaías 40–55. Um parece continuação do outro! O que mudou foi que na última parte do livro já nos encontramos em Jerusalém.

Vamos, assim, encaminhando-nos para a definição do conteúdo do livro todo encabeçado pelas memórias do profeta de Jerusalém no século VIII. Esse conjunto animará a vida da comunidade de Jerusalém e Judá nos anos difíceis no contexto da dominação persa, com seus conflitos com os samaritanos, com seus problemas com a elite, os sacerdotes do Templo, que detêm o poder político e religioso. Todo o texto tem o objetivo de definir o lugar da comunidade no meio do mundo turbulento e suas expectativas de libertação em tal situação. E, nesse contexto, as palavras do Isaías de Jerusalém, com suas ameaças de juízo sobre o poder infiel, enriquecidas com tantas promessas de redenção e inclusive de recriação do cosmo, ganharam novas oportunidades de serem portadoras de vida para os pobres de Jerusalém.

b) Uma última inserção

O livro da profecia de Isaías ainda não estava completo. Ainda faltava uma última contribuição. Vejamos.

Na leitura dos textos de Isaías 56–66, já tínhamos notado as primeiras manifestações do que será a apocalíptica, que se vai manifestar em toda a sua plenitude num livro como o de Daniel. Na verdade, a profecia dos tempos posteriores ao retorno do exílio vai ganhando essa característica, como mostram os indícios presentes em Ageu e no Primeiro Zacarias. É bem verdade que ela não se manifesta num texto como o de Malaquias, preocupado com a situação do templo, seus sacrifícios e dízimos insuficientes. Contudo, está claramente presente no livro de Joel e nos textos dos chamados Segundo e principalmente Terceiro Zacarias (Zc 9–11 e 12–14, respectivamente), com seus anúncios de julgamentos universais. As imagens nesses livros referem-se sempre ao mundo todo, a seus conflitos, e à certeza de que Iahweh vai agir no sentido de transformá-lo radicalmente. Também o livro de Isaías ganhará um conjunto de oráculos em que essa tendência se mostrará claramente: trata-se de Isaías 24–27.

Esses capítulos são recentes. Ou seja, não podem ser situados no contexto da pregação de Isaías do século VIII. Surgiram bem mais tarde, depois do ano 400 a.C. (é difícil datar com mais exatidão). Os profetas de antes da deportação falavam de Israel e de Judá. Os textos proféticos da época da deportação falam dos impérios dominantes. No entanto, Isaías 24–27 fala do mundo inteiro a ser abalado. Pode-se ver, por exemplo, a afirmação inicial, de Isaías 24,1: *Javé vai arrasar a terra e a devastará*. Em vez de falar de Israel e Judá, Isaías 24–27 universaliza, sem perder de vista Jerusalém como lugar central. Além disso, Isaías 24–27 recolhe memórias de vários textos proféticos. O conjunto reúne profecias, cânticos e orações e anuncia e celebra o julgamento final sobre todas as nações, acompanhado da libertação de Jerusalém. É mais uma das manifestações de esperança do julgamento de Iahweh sobre a realidade circundante, o império (Is 24,21-23), enfim o cosmo todo, para que a vida livre de seu povo seja possível, para que ele se reúna vindo de todas as partes e o adore *no monte santo, em Jerusalém* (Is 27,13).

Esta terá sido a última inserção que se fez no livro de Isaías. E terá entrado aí para seguir-se a Isaías 13–23 com seus anúncios de juízo contra as diversas nações. Nosso texto destaca a certeza desse juízo, que é universal, e da salvação de Jerusalém em meio a este abalo generalizado.

c) Conclusão do livro e do conjunto profético

E, enfim, o texto do livro de Isaías, com a inserção do que hoje se lê nos capítulos 24 a 27, tomou a forma com que hoje o conhecemos. O que não significa que a partir de agora ele se tornou palavra morta. Pelo contrário, outras maneiras de ele prosseguir falando continuarão a desenvolver-se. Ainda teremos oportunidade de mencionar algumas, que valerão também para os demais livros proféticos.

Agora que vimos todas as contribuições que o livro de Isaías foi recebendo, mesmo em sua primeira parte (Is 1–39), podemos sugerir uma organização do seu conteúdo:

- Seu primeiro conjunto (Is 1–12) é construído com base nas muitas memórias do profeta de Jerusalém e traça um extenso trajeto que vai da infidelidade e injustiça denunciadas até o louvor pela salvação realizada por Iahweh.
- Os capítulos 13–23 detêm-se principalmente sobre nações estrangeiras e recolhem oráculos de diversas proveniências e épocas, alguns poucos de Isaías; outros fazem pensar na época e perspectiva do Isaías do exílio.
- Os capítulos 24–27 apontam uma expectativa de salvação de Jerusalém com contornos apocalípticos e representam certamente a camada mais recente a ser incorporada no livro.
- Os capítulos 28–35 apresentam material diverso: se em Isaías 28–31 estamos principalmente diante de mais um conjunto de oráculos surgidos da trajetória profética do Isaías do século VIII, os capítulos seguintes priorizam releituras e oráculos posteriores, com a influência do Segundo Isaías muito sensível em Isaías 34–35.
- E os capítulos 36–39 compõem-se de narrativas em que são apresentadas peculiaridades da ação profética de Isaías e que fazem a ligação com o Isaías do exílio, dos capítulos 40 a 55.

Sobre os capítulos 40–55 e 56–66, já vimos como eles encontram-se organizados.

À medida que a escrita do livro de Isaías chega a seu final, um olhar sobre o conjunto haverá de mostrá-lo bastante variado. Ele é composto de textos de vários formatos: salmos de louvor (Is 12), lamentações (Is 47,1-5), hinos de ação de graças (Is 38,10-20), discussões (Is 41,26-29), comparações e parábolas (Is 5,1-7; 28,23-29), e principalmente oráculos, estes de todas as formas. Algo semelhante acontece em praticamente todos os livros proféticos. O processo é mais evidente em livros como os de Miquéias e Zacarias. É característica de todos eles: condensam múltiplas formas da experiência profética em Israel e Judá.

Foi provavelmente no século III a.C. que o livro de Isaías e os livros proféticos ganharam o formato com que aparecem em nossas Bíblias. Se a "Obra Histórica Deuteronomista", a que aludimos, foi elaborada no século VI a.C. e depois recebeu alguns retoques, se estão já configurados os livros de Isaías, Jeremias e Ezequiel (Daniel e Lamentações não são contados entre os profetas na Bíblia hebraica), podemos então dizer que foi com o término da elaboração do Livro dos Doze Profetas que a segunda parte dessa Bíblia ficou pronta. Esse livro agrupou as memórias proféticas de Amós, Oséias, Sofonias etc. Esse agrupamento e a ordem que lhe foi dada devem aqui ser mencionados.

O fato de serem exatamente doze profetas deve fazer alusão às Doze Tribos, imagem do antigo e sempre sonhado Israel. Quanto à disposição que receberam, notamos que vêm em primeiro lugar as profecias da época do domínio assírio (Oséias, Amós, Abdias, Jonas e Miquéias. Quanto a Jonas, o texto é mais recente, mas a informação de 2Rs 14,25 sugeriu colocá-lo aí. Abdias também é posterior). Depois vieram os profetas da época da ruína do poderio assírio (Naum, Habacuc, Sofonias), e finalmente aqueles da época persa (Ageu, Zacarias e Malaquias). Nesse quadro, chama a atenção onde Joel está localizado: entre Oséias e Amós. Isso sugere, junto com tantos materiais que os livros foram recebendo (cf. Os 14,10 e Am 1,1-2, respectivamente final e início dos livros em meio aos quais Joel foi inserido!), uma perspectiva apocalíptica para todo o conjunto! A profecia deve agora ser relida com olhos voltados para os impérios e para a ação libertadora de Iahweh que abrange o mundo inteiro e salva os que lhe são fiéis!

4. PROFECIA: MENSAGEM E DESAFIOS

Depois de termos passado pelos momentos principais da história da profecia no seio do Povo de Deus, é hora de buscar uma síntese geral, por meio das seguintes perguntas: quais os aspectos que se destacam nesse processo? Nesse percurso de quase mil anos, existem pontos em que a profecia insiste? O que ela comunica a respeito de Deus, de sua vontade e de sua ação?

a) A leitura dos livros proféticos mostra-nos uma constante: nos diversos momentos e situações, ouve-se a voz de Deus. A profecia é fruto da intervenção divina no mundo das pessoas, para comunicar sua vontade, para anunciar sua intervenção, para abrir os olhos do povo. O profeta ou a profetisa falam em nome de Iahweh, são a expressão da comunicação entre Deus e seu povo. Não é à toa que a toda hora lemos: "Assim fala Iahweh...", introduzindo a palavra dos profetas. Assim, o profeta ou a profetisa não são os senhores da Palavra que pronunciam. Eles estão tomados pela palavra que vem de Deus, como bem expressa Jeremias: *Pareço um bêbado embriagado de vinho; mas é por causa de Javé e de suas santas palavras* (Jr 23,9). A Palavra de Deus é poderosa e impele quem a escuta: *Fala o Senhor Javé: quem não profetizaria?* (Am 3,8). A palavra tem força; é capaz de mudar a realidade, de torná-la melhor. Por isso a profecia é tão dinâmica: expressa a Palavra de Deus inserida nas diversas situações da vida do povo. Em forma de denúncia ou anúncio, de alerta ou de esperança, a profecia deixa claro que a história do povo é acompanhada muito de perto por seu Deus.

b) Também as visões marcam a profecia em momentos importantes (Am 7–9; Is 6; Ez 1–3). A expressão em Amós é interessante: *O Senhor Javé me fez ver* (Am 7,1.4.7; 8,1). Deus abre os olhos de seus profetas, para que vejam a realidade com outros olhos e assim a mostrem às pessoas, como podemos ver em Isaías 6. Também aqui vemos a profecia como instrumento da comunicação de Deus a seu povo.

c) Deus fala, faz ver, ou então oferece um sinal, como aquele que Isaías indicou ao rei Acaz (Is 7,14). Tudo isso pede das pessoas envolvidas atenção particular, reflexão e, se necessário, mudança de postura. Afinal de contas, na profecia encontramos a todo momento um olhar especial sobre a história do povo, sobre as realidades políticas e econômicas, sobre as práticas religiosas. E normalmente o modo de ver da profecia não é o convencional ou o costumeiro. Seu ponto de vista é o dos empobrecidos, dos humilhados e dos derrotados. E isso questiona ideologias, certezas e procedimentos. Os nomes dos filhos de Oséias (Os 1) são um bom exemplo disso. O primeiro é uma violenta crítica à violência com que a dinastia reinante em Israel apoderou-se do poder. O nome da menina aponta para a quebra dos laços de solidariedade no meio do povo e para um distanciamento deste diante de Iahweh. E, finalmente, o nome do terceiro filho é um desmentido da grande certeza que, naquele momento, estava servindo para encobrir toda a realidade de injustiça e violência que o livro vai denunciar: *Vocês não são o meu povo, e eu não existo para vocês*. A profecia, portanto, é uma convocação para perceber as coisas, a realidade, com outro olhar. Ela "desvela" a realidade que muitos teimam em esconder.

A importância da história e da realidade para a profecia fica reforçada quando vemos que, para a Bíblia hebraica, aqueles livros que chamamos de "históricos" são considerados "proféticos". A história do povo, sua organização, os governos dos reis, tudo isso é marcado pela ação dos profetas, seja pela presença, seja pela crítica. A trajetória de Elias é um bom exemplo dessa sintonia com as pessoas mais pobres, atenção à Palavra de Deus e enfrentamento dos poderes opressores do povo (1Rs 17–2Rs 2).

d) Por isso, acontece na profecia algo de extrema importância: a Palavra de Deus, a comunicação que Deus faz a seu povo é sempre algo encarnado, inserido na realidade vivida e principalmente sofrida. A profecia em Israel e Judá mostra uma grande sensibilidade para com as questões que envolvem a vida dos pobres. Vimos Isaías atento à situação dos órfãos e viúvas. Por intermédio da Palavra de Deus comunicada a Amós, falam as famílias camponesas, exploradas em seu trabalho. Jeremias não poupa palavras de crítica à política do rei Joaquim, que explora os pobres e beneficia as elites (Jr 22,13-19). E assim em tantos testemunhos proféticos: Deus fala com base nas situações de violência e injustiça, pois se encontra no meio delas.

Por isso as palavras que denunciam o sofrimento, a exploração e violência, bem como os responsáveis por tal situação, tomam conta dos livros proféticos. E chegam a nos surpreender, como podemos ver em Oséias. Diante de uma realidade que violenta o corpo das mulheres e as submete à prostituição, a palavra profética não é de condenação a elas, mas de denúncia do que os sacerdotes fazem com elas e com o povo! (Os 4,13-14).

Daí que a exigência da justiça também seja uma constante. Vimos isso em Isaías, mas praticamente todos os livros proféticos trazem a mesma tônica. A vida na justiça não é questão secundária, mas é a exigência de Deus. Não é apenas uma questão de bem-estar das pessoas, mas também de algo que corresponde à própria realidade de Deus e seus desígnios: *Eu quero, isto sim, é ver brotar o direito como água e correr a justiça como riacho que não seca!* (Am 5,24).

e) A palavra profética é sempre de inconformismo, de insatisfação, "coloca o dedo na ferida". Por isso, junto à denúncia do mal, do pecado, vem o anúncio de algo novo que deve acontecer. Essa novidade pode ser a destruição dos responsáveis pelo sofrimento do povo (Am 7,7-9.17; Mq 2,3-5). Todavia, pode ser também a possibilidade de refazer a vida em outras condições. E mais uma vez Oséias serve de exemplo: no texto de Oséias 2,1-3, vemos que a situação indicada pelos nomes dos filhos do profeta no capítulo 1 pode ser superada e substituída por outra, a ser construída por meio da organização e união do povo em novos moldes que não a tirania dos reis.

É, porém, principalmente nos profetas que surgiram no tempo da deportação e depois dela que os anúncios de esperança aparecem. Os sonhos de vida renovada e com fartura permitem ao povo olhar sua realidade com mais confiança. Assim lemos o texto impressionante de Ezequiel 37, aquele que fala do povo morto que se refaz. Isaías 65,17-25 vai na mesma direção, ao falar do novo céu e da nova terra que estão por vir, com vida longa, solidariedade e paz. Joel 3,1-2 garante que o dom do Espírito será dado a todo o povo, principalmente àquelas pessoas desprezadas por alguma razão: velhos e jovens, escravos e escravas virarão profetas!

Esse olhar esperançoso para o futuro abre espaço para o aguardo do messias. Já vimos que as releituras feitas pelos livros dos profetas acentuaram esse aspecto. Textos como Isaías 11,1-9, Jeremias 23,5-6 e outros apontam para um horizonte que devemos procurar e preparar. As comunidades seguidoras de Jesus se enriquecerão profundamente com a leitura e a reflexão desses textos.

f) Finalmente, chamamos a atenção para um fator que está por trás de toda a experiência profética e dos testemunhos que ela nos comunicou: a vivência religiosa. Vimos como os profetas são duros na crítica ao ritualismo que marcava muitas das cerimônias e práticas religiosas de seu tempo (Am 5,21-23; Is 1,10-17; 58,1-5). Na maioria dos casos, a crítica era motivada pelo fato de que tais liturgias encobriam a fraude, a violência e a exploração dos pobres. Por isso, a religião oficial, praticada nos templos e por meio de sacrifícios, não tem a aceitação dos profetas. E em alguns casos eles correram risco de morte por causa disso (Am 7,10-13; Jr 26,1-19). Deus não pode se contentar com ritualismos hipócritas!

A profecia nasce de uma profunda experiência de Deus. Ele "seduz" o profeta, como reconhece Jeremias (Jr 20,7). E não é possível escapar a essa atração, mesmo diante da zombaria e das ameaças de vida. A vivência profética não admite a superficialidade, nem que a relação com Deus fique restrita ao terreno do rito ou ao campo da interioridade das pessoas. No caso de Isaías, vimos como sua visão do "Santo, santo, santo" mudou tudo em sua vida, em seu modo de agir e de perceber as coisas. É uma profunda experiência de Deus que permite a Isaías e aos demais profetas e profetisas denunciar as falsas seguranças em que as elites se apóiam, que podem ser o poder político ou a religião oficial! A palavra de Isaías é taxativa: *Se vocês não acreditam, não se manterão firmes* (Is 7,9).

Talvez possamos resumir a questão pela citação de Miquéias 6,6-8:

Como me apresentarei a Javé? Como é que eu vou me ajoelhar diante do Deus das alturas? Irei a ele com holocaustos, levando bezerros de um ano? Será que milhares de carneiros ou a oferta de rios de azeite agradarão a Javé? Ou devo sacrificar o meu filho mais velho para pagar os meus erros, sacrificar o fruto das minhas entranhas para cobrir o meu pecado? Ó homem, já foi explicado o que é bom e o que Javé exige de você: praticar o direito, amar a misericórdia, caminhar humildemente com o seu Deus.

A experiência de Deus comunicada pela profecia mostra-se no empenho pela justiça, na solidariedade que vem do coração e na abertura aos caminhos e desígnios de Deus. A experiência que os profetas e profetisas fizeram de Deus é abrangente, marca o coração e a vida, determina decisões e opções, é exigente e toma conta. Não se contenta com manifestações superficiais, mas convoca para a conversão e o compromisso.

5. AS RELEITURAS DOS PROFETAS E O NOVO TESTAMENTO

O livro da profecia de Isaías talvez tenha sido o que mais influência desempenhou nos tempos posteriores, inclusive no cristianismo que estava para surgir. Mas ainda antes de chegarmos aí podemos notar alguns aspectos interessantes. Ficamos com um, que nos remete aos séculos III e II a.C. Os livros da Bíblia tinham sido escritos em hebraico, mas, nessa época, tornou-se necessário traduzi-los para o grego, que, então, era a língua mais falada, inclusive pelas comunidades judaicas espalhadas pelo mundo mediterrâneo. Os sábios que fizeram a tradução não se contentaram em apenas passar o texto de uma língua para outra. A tradução foi mais uma forma de o texto ganhar vida nova e tornar-se atual. Ficaremos num único caso, que diz respeito à passagem de Isaías 7,14.

Vamos recordar o que vimos a respeito do profeta Isaías de Jerusalém. Essa passagem insere-se em um dos períodos de sua missão profética, no contexto da guerra siro-efraimita. Isaías desafia Acaz a pedir um sinal a Iahweh, para que enfim creia. A recusa do rei de Judá leva o profeta a anunciar, então, o sinal de Iahweh. Vejamos como diz o texto original, escrito na língua hebraica:

Por isso o Senhor dará, ele mesmo, para vós um sinal: eis que a jovem concebeu e dará à luz um filho, e ela o chamará com o nome de Emanuel.

O significado desse texto é bastante discutido. Não queremos aqui entrar em todos os seus pormenores, apenas indicar as perspectivas principais. Em primeiro lugar, devemos notar que Isaías fala de uma situação que ele está vivendo, aliás bastante delicada; não faz sentido pensar que fazia alusão a um período tão distante das questões e problemas que está enfrentando. Além disso, a jovem que ele menciona já está grávida (*a jovem concebeu*); a fala do profeta acontece entre a concepção e o nascimento de uma criança. Há quem pense que essa mulher de que o profeta fala seja a mulher de Acaz, o rei com quem Isaías está falando. Outros pensam que talvez seja a própria mulher do profeta, de quem se fala no capítulo 8.

Há, contudo, um detalhe surpreendente a ser considerado: é a futura mãe que vai nomear seu filho, sem qualquer intervenção do pai. Não era esse o costume (cf. Gn 21,3). Ler o texto levando em conta esse detalhe pode fazer pensar numa mulher anônima, sozinha, provavelmente naquela situação de pobreza e exclusão tantas vezes denunciada pelo mesmo Isaías, e cuja gravidez representa ruptura consciente com os esquemas da sociedade patriarcal (o melhor exemplo disso encontra-se em Gn 16 e 38, mas há vários casos similares em Gn 25–36). A criança que está para nascer é expressivo sinal daquilo que Isaías tem a anunciar ao rei: o julgamento de Iahweh sobre a política da casa de Davi. É das crianças que virá a salvação do povo (Is 9,1-6).

Quando o texto de Isaías, junto com toda a Bíblia hebraica, foi traduzido para a língua grega, a passagem de Isaías 7,14 ganhou uma formulação ligeiramente distinta. Contudo, o sentido foi completamente alterado, e, com isso, pôde iluminar o caminho da comunidade judaica naquele momento. O texto agora será lido da seguinte maneira:

Por isso dará o Senhor mesmo um sinal: eis que a virgem conceberá e dará à luz um filho e tu o chamarás com o nome de Emanuel.

Note as diferenças para com o texto anterior. Inicialmente, o termo que em hebraico significa "jovem" é traduzido como "virgem". Em segundo lugar, todos os verbos estão no futuro. No texto hebraico, a moça já está grávida; no texto grego, a gravidez ainda vai acontecer. Finalmente, temos aquele que deverá nomear a criança, a pessoa com quem Isaías está falando, o rei Acaz. Deixemos a questão da mudança de "jovem" por "virgem"; ambos os termos podiam indicar a moça recém-casada ou em idade de se casar. Mais importantes são as outras modificações. Quando a gravidez é transferida para o futuro, o texto passa a ser orientado para uma realidade a ser ainda realizada. E a expectativa de um nascimento é sempre sinal de tempos novos e melhores. Essa mudança indica a importância que o texto passou a ter para a comunidade, mediante uma nova leitura: aponta agora para o messias libertador que um dia virá. Na mesma direção deve ser tomada a indicação de que Acaz vai dar nome à criança, entendida como seu filho: Acaz é rei, da família de Davi, e é um descendente de Davi que aguardamos como libertador.

E foi com essa perspectiva que o texto de Isaías chegou ao tempo de Jesus e às primeiras comunidades que o seguiram. E mais uma vez a passagem ganha nova configuração:

Vejam: a virgem conceberá, e dará à luz um filho. Ele será chamado pelo nome de Emanuel, que quer dizer: Deus está conosco (Mt 1,23).

A formulação é muito próxima daquela da tradução grega. Todavia, distingue-se num ponto fundamental: não é o pai que chama o filho de Emanuel. São as pessoas que o chamarão assim, aquelas que reconhecem que por meio dele Deus está presente no mundo! E, retirando a figura do pai da passagem, a formulação de Mateus volta a dar ao texto a coloração subversiva que tinha na sua primeira versão, apresentando Emanuel como fruto de uma gravidez da mulher sem a participação do marido (por obra do Espírito Santo) e seu reconhecimento (sua nomeação) pelos seus seguidores, não pelo pai! Rebeldias de longa data convergem na inusitada significação que Isaías 7,14 adquire na formulação dada no contexto da comunidade de Mateus! Realmente Deus escreve certo por linhas tortas...

Processos semelhantes a esse que acabamos de ver acontecem em todos os livros proféticos. O que só vem mostrar que eles tiveram muita receptividade na história posterior de Israel. E não será diferente no interior das comunidades seguidoras de Jesus, a cujas práticas devemos os escritos do Novo Testamento. O caso de Isaías 7,14 não é exceção. A forma como essa passagem foi assumida pela comunidade de Mateus permitiu que ela pudesse compreender melhor o significado da presença de Jesus como mestre e presença de Deus em seu meio. E se seguíssemos as páginas desse evangelho, veríamos quantas passagens da Escritura judaica, principalmente dos profetas, são mencionadas em conexão a Jesus.

No entanto, justamente por isso, por conhecer essas presenças tão abundantes da profecia nos textos do Novo Testamento, talvez o leitor e a leitora tenham estranhado que em nossa abordagem da profecia não tenhamos nos referido muito à relação dela com a figura de Jesus. Afinal de contas, os evangelhos não o apresentam como aquele em que se cumprem as profecias?

Talvez agora no final as coisas tenham ficado mais claras. Procuramos entender a profecia levando em conta a realidade vivida quando ela se deu. Só assim foi possível perceber as novas significações que seus textos e memórias vão adquirindo com o passar do tempo. Profecia não é simples adivinhação, previsão do futuro; tem os pés bem fincados na vida, faz ver o mundo com outros olhos, ajuda a pensar alternativas. Foi isso que pudemos ver nestas páginas. E é justamente por isso que as palavras proféticas foram além de seu tempo e serviram de referencial para o Povo de Deus diante de novos desafios: pode-se ver, por exemplo, a história narrada em Daniel 9, que fala de uma nova leitura da profecia de Jeremias. O texto ganhou um significado novo mais de quatrocentos anos depois de ter sido escrito!

Aconteceu coisa semelhante quando as primeiras comunidades seguidoras de Jesus procuravam entender seus ensinamentos, seus gestos, sua morte violenta. Para ficar com mais um exemplo tirado de Isaías, a figura do "servo de Iahweh" será fundamental para compreender a postura solidária e serviçal de Jesus (Mc 10,42-45) e inclusive sua morte (já citamos o texto de At 8,26-35). As palavras do passado recuperavam vida e ganhavam atualidade na prática de Jesus; foi isso que os escritos do Novo Testamento quiseram comunicar. Mas não só: também os gestos de Jesus, saciando a gente faminta, curando a tantos, faziam recordar profetas como Elias e Eliseu, sua solidariedade e inserção no mundo dos excluídos e abandonados. Assim, as palavras dos profetas ajudaram a entender melhor a ação de Jesus, e aquilo que ele disse e fez deu nova luz àquelas palavras, tão antigas e sempre novas!

Não se trata, então, de ver em Jesus um cumprimento mecânico daquilo que estava escrito nos textos, como se ele tivesse um roteiro previamente determinado a cumprir. Mas as palavras dos profetas, com sua contestação e suas propostas alternativas para a vida do povo, foram luz para compreender a trajetória de Jesus, também reconhecido como profeta em algumas oportunidades (Lc 7,16; Jo 4,19; 6,14). Para as comunidades seguidoras de Jesus, as palavras proféticas, sua visão do mundo, seus anseios maiores de vida e de justiça ganharam corpo e atualizaram-se na trajetória histórica do mestre-profeta de Nazaré. E, do mesmo modo que os evangelhos nos mostram como as palavras proféticas tornaram-se vivas para aquelas comunidades, o desafio apenas se repete: como fazê-las atuais em pleno início de milênio, tão distante daqueles tempos, mas que parece trazer questões e preocupações tão semelhantes?

Resumindo

• *O percurso por cerca de mil anos de história da profecia em Israel e Judá nos permite notar a importância desse movimento para a fé do Povo de Deus. Às voltas com reis e suas injustiças, sacerdotes em meio a rituais soberbos e hipócritas ao mesmo tempo, mas principalmente sensível às angústias e dores da gente camponesa empobrecida, de órfãos e viúvas abandonados nas cidades, a profecia a todo momento expressa a consciência da rebeldia e da esperança.*

• *A reflexão sobre os testemunhos proféticos contidos no livro de Isaías permite perceber como a profecia expressou as vozes e os anseios do Povo de Deus. A releitura que as tradições proféticas vão recebendo no decorrer da história mostra que elas nunca foram vistas como letra morta, mas como memórias desafiadoras para o presente. Quando as comunidades seguidoras de Jesus iluminaram a prática e o destino dele com tantas palavras dos profetas, elas não fizeram outra coisa que assumir para si a tarefa de atualizar os desafios da profecia.*

Aprofundando

Percorrida a trajetória da profecia em Israel, fica a pergunta: de que maneira ela pode iluminar o testemunho dos homens e mulheres neste início de milênio, na comunidade e na sociedade?

Perguntas para reflexão e partilha

1. De que forma se articulam, nos profetas, a experiência de fé e o clamor pela justiça?
2. Que desafios do presente podem sugerir uma releitura comprometida da profecia?
3. Que inspirações o livro da profecia de Isaías nos sugere?
4. Que aspectos da trajetória de Jesus mostram-no como profeta?

Bibliografia complementar

SICRE DIAZ, José Luis. *A justiça social nos profetas*. São Paulo, Paulinas, 1990.

_____. *Profetismo em Israel;* o profeta. Os profetas. A mensagem. Petrópolis, Vozes, 1996.

VV.AA. *A leitura profética da história*. São Paulo, Loyola, 1992.

Capítulo sétimo

A PALAVRA DOS SÁBIOS

Frei Gilberto Gorgulho, op

A Palavra dos sábios, nascida e transmitida na tradição do Povo de Deus, foi colecionada na terceira parte do livro sagrado dos judeus e dos cristãos. Essa coletânea recebe o nome de *Escritos*, ou *Hagiógrafos* em grego. É uma composição de livros com vários gêneros literários: poesia litúrgica, cantos de amor, máximas de sabedoria, história, escritos apocalípticos e narrativas de edificação.

Ao lado da Lei (a *Torá*) e dos Profetas *(Neviim)*, os Escritos *(Ketuvim)* estão divididos em quatro grandes grupos:

- livros poéticos: Provérbios, Jó e Salmos;
- os Megillot, ou os Rolos: Cântico dos Cânticos, Rute, Lamentações de Jeremias, Eclesiastes e Ester;
- apocalipse: Daniel;
- história: Esdras, Neemias e 1 e 2 Crônicas.

O cânon (ou catálogo dos livros sagrados) do judaísmo helenístico acrescenta dois livros, a Sabedoria de Jesus Ben Sirá, chamada também de Eclesiástico (ou Sirácida), e a Sabedoria de Salomão, que os judeus e os cristãos evangélicos catalogam como apócrifos.

1. AS SABEDORIAS ORIENTAIS

A Palavra dos sábios em Israel deve ser compreendida no conjunto e em comparação com as sabedorias que floresceram no Oriente Antigo. A tradição de Israel faz constantemente alusão a essa sabedoria dos povos vizinhos (Egito, Babilônia, Edom, Canaã, cf. 1Rs 5,10-11; Jr 49,7).

A sabedoria na *Mesopotâmia* vem desde os tempos dos sumérios. Há, depois, coletâneas bilíngües (em sumério e acádico) de provérbios populares e também textos muito profundos, de modo especial na obra de 2000 anos a.C., que discute problemas semelhantes aos do livro de Jó. Muitas narrativas míticas sobre a origem da humanidade e da civilização surgem como livros de sabedoria. Esse gênero de literatura foi espalhado em todo o Oriente Antigo por meio dos povos acádicos, hititas e hurritas. Essa literatura tornou-se célebre na Babilônia com as conhecidas obras: o *Poema do Justo Sofredor*, a *Teodicéia Babilônica*, o *Diálogo do Pessimismo*, que provêm aproximadamente do ano 1000 a.C.

No *Egito*, a literatura de sabedoria jorra em abundância. Desde longa data, toma a forma da instrução de pai para filho, ou do mestre para o discípulo. *A Sabedoria de Amenemopé*, de aproximadamente 1000 a.C., é muito próxima de Provérbios 22,17–23,11. Essa sabedoria milenar estruturou a cultura egípcia e teve grande influência nas culturas vizinhas, inclusive em Israel (cf. Is 19,11), com a sua visão do mundo, ou a ordem cósmica e histórica (= o *ma'at*), que é a raiz da organização da sociedade e da vida humana (cf. Is 11,1-9 e Pr 3,16-20).

Da *região de Canaã* também nos vem um rico material de sabedoria. As descobertas de Ras Shamra (Ugarit) trazem muitos elementos do gênero sapiencial. *As Palavras de Ahiqar*, redigidas certamente no século VII a.C. na Assíria, aproximam-se das instruções paternas em Provérbios 22,13ss. Também os textos de Provérbios 30 e 31,1-9 aproximam-se bem de perto da sabedoria dos povos e das tribos da Siro-Fenícia, e foram integrados na sabedoria do povo de Israel.

2. A SABEDORIA DO POVO DE DEUS

O livro dos Provérbios é o testamento da Palavra dos sábios na construção e organização do Povo de Deus, através das gerações. Ele se compõe de vários livretos que nasceram no decorrer dos séculos da história desse povo.

A Palavra dos sábios é apresentada em vários gêneros literários (máximas, sentenças, comparações, provérbios), destacados desde o início do livro (Pr 1,1-7). A palavra de sabedoria é apelo de conversão que assegura a vida do Povo de Deus; faz germinar o discernimento, liberta da violência e da injustiça e faz viver em comunhão. A Palavra dos sábios convoca, liberta e reúne o Povo de Deus para a vida de comunhão e de solidariedade (Pr 1,20-33; 8–9; e Pr 31,10ss).

A história da tradição dessa Palavra dos sábios pode ser feita com base nas indicações sociológicas, políticas e religiosas que encontramos nos diversos livretos que compõem o livro dos Provérbios.

As duas coletâneas de Salomão, em Provérbios 10,1–22,16 e 25–29, são as mais antigas. Trazem indícios suficientes que demonstram sua origem e constituição no tempo da monarquia de Judá e de Israel, antes do exílio na Babilônia. Essas duas coletâneas salomônicas transmitem um lastro da sabedoria familiar e tribal. Transmitem também a sabedoria da corte do

Rei. A partir de Salomão, essa sabedoria tomou formas e perspectivas definidas. Salomão organizou o Estado tributário mudando o estatuto social da união igualitária das tribos. Com isso, afetou a vida das Casas patriarcais e de seu regime de trabalho e de produção. A instalação do regime tributário fez nascer um novo tipo de sabedoria e organização da vida social (cf. 1Rs 3-4).

Assim, a sabedoria da corte e a sabedoria popular que dirigiam a vida e a produção na Casa patriarcal aparecem intimamente entrelaçadas. É possível perceber a situação da Casa patriarcal camponesa no sistema de produção tributário, centralizado na cidade da corte do Rei, ao qual toda a população rural devia pagar o tributo. A figura do rei passou a ser determinante na organização e sobrevivência do Povo de Deus (cf. 1Rs 4 e Pr 10,4-5; 12,24; 16,1ss).

Essas indicações sociológicas são suficientemente claras para configurar o tempo da monarquia pré-exílica, tanto no reino de Judá quanto no reino de Israel:

Provérbios 10: o trabalhador agrícola no sistema tributário;
Provérbios 12: a Casa patriarcal camponesa, no sistema tributário (vv. 9 e 24);
Provérbios 14: a Casa camponesa, integrada no Povo (v. 28);
Provérbios 16: a função do Rei e a Fé em Iahweh.

Com base nessas indicações, podemos esboçar a história dos livretos que compõem o corpo literário mais antigo da tradição sapiencial que foi surgindo e sendo transmitida, de geração em geração: Provérbios 10,1- 22,16, ou a Primeira Coletânea de Salomão, Provérbios 25-27 e 28-29, ou a Segunda Coletânea de Salomão. Entre as duas está o livreto denominado as Palavras dos sábios, Provérbios 22,17-24,34, datado também do final da monarquia de Judá.

2.1. A sabedoria de Salomão

Salomão é apresentado como o fundador da nova sabedoria que vem do sistema tributário. Ele implanta o regime do tributo na organização das tribos. Controla o regime do trabalho livre dando novo eixo à vida social e religiosa das tribos (1Rs 4,29-34).

A nova sabedoria é a organização do Estado tributário no molde dos grandes impérios. Salomão olha sobretudo para o Egito, tendo desposado uma princesa, filha do faraó, levando-a para Jerusalém (1Rs 3,1). Ele se inspira nas instituições e na organização administrativa do Egito, com seus oficiais, secretários e escribas (1Rs 4,2-7). O novo regime econômico e político afeta a organização do território das tribos e domina o sistema de trabalho na Casa patriarcal dos agricultores e pastores.

A antiga sabedoria que nascia do trabalho e da solidariedade da Casa camponesa é controlada e dirigida pelo sistema tributário (1Rs 4,7.20-21; cf. Pr 12,24). No entanto, a velha sabedoria tribal mantém-se como sustento do trabalhador e de sua vida cotidiana de trabalho na produção e reprodução da vida em comum.

A Primeira Coletânea de Salomão, em Provérbios 10,1–22,16, apresenta essa antiga sabedoria camponesa como resistência e como caminho da vida do justo. É essa sabedoria que se manteve e se transmitiu durante os séculos da monarquia tributária em Judá e em Israel.

Vale relembrar aqui os seus marcos fundamentais. Eles transmitem uma antropologia social em defesa da Casa patriarcal camponesa, em seu *ethos* tribal igualitário, procurando afastar a dominação e a exploração do sistema tributário (cf. Pr 12,24.27 e 13,23).

- A *edificação e a manutenção da casa* têm como fundamento e sustento a presença e a ação das *mulheres sábias*. Essa é a base da vida do Povo justo (cf. Pr 14,1s).
- O *trabalho livre no campo* é o fundamento da subsistência e da reprodução da vida em liberdade (cf. Pr 10,5; 14,4).
- O *filho sábio é o homem livre trabalhador* (cf. Mq 2,1-2 e 3,3).
- O *preguiçoso* é a ruína da Casa camponesa. Todavia, o trabalho diligente é o bem precioso para o trabalhador (cf. Pr 12,24-27).
- A *defesa da justiça no portão das cidades*. A sabedoria da resistência camponesa era exercida na prática da justiça, pois a terra, a casa e o trabalho estavam ameaçados, e não havia observância da justiça e do direito. Havia exploração dos trabalhadores (Pr 13,23). A prática da justiça no portão é conhecida dos profetas, no século VIII, no auge do sistema tributário (cf. Am 5,10-12; 8,4-6). Dessa prática surgem as sentenças sobre o processo, a rixa, a disputa, a agressão e a revolta (termo freqüente em Am 1–2 e em Pr 28–29). Daí vêm as *sentenças sobre a testemunha verdadeira e justa* (Pr 12,17.18).
- Os *sábios são os Anciãos das aldeias* que vão acumulando experiência, dão diretrizes e resolvem os litígios e as disputas (Pr 13,20; 14,27; cf. Dt 1,15-16; 21,4). Eles são o foco e o sustento da sabedoria de resistência, *a sua palavra branda é mesmo uma Árvore da Vida que afasta a rivalidade e restabelece a justiça* (Pr 15,4.7.12). Sua ação é indispensável para assegurar a vida do povo (Pr 11,14; 13,10.17). O profeta Miquéias de Moreshet pode ter sido um desses Anciãos na defesa da Casa camponesa (Mq 2,2; 3,1-3; 3,8 e Jr 26,17).

- A sabedoria da resistência camponesa manifesta-se na *busca da solidariedade e na manutenção da vida comunitária*. Aí está o núcleo do *ethos* tribal que permanece (cf. Os 6,6). A experiência do amor ao próximo é a base do projeto de vida camponesa (cf. Pr 10,12-14.18-19). É a união comunitária que forma e mantém a subsistência do "povo", ou a união das famílias extensas e dos clãs patriarcais (cf. Pr 11,12-14 e Lv 19,18).

2.2. A sabedoria política

A Segunda Coletânea salomônica encontra-se em Provérbios 25–29. Sua primeira parte, Provérbios 25–27, é datada do tempo do Rei Ezequias de Judá. Devemos aceitar essa informação e colocar o livreto nesse ambiente que é o auge do sistema tributário. É nesse ambiente que Isaías entra em disputa com os sábios e faz sua teologia do Deus sábio e do Rei sábio que trará a nova era para o Povo de Deus (cf. Is 5,20-21; 29,14; 31,1-3; e Is 11,1-9). A sabedoria da corte manifesta-se como discernimento da estrutura fundamental da vida do Povo. A sociedade se estrutura e toma consistência na categoria da *honra* (*kavod*): honra de Deus, honra do rei e honra do justo (cf. Pr 25,1-3 e vv. 27-28).

A honra define a identidade do homem justo. A figura antitética é *o estulto que não tem honra* (cf. Pr 26,1-12). E é a honra que mantém o equilíbrio entre o trabalhador do campo e o senhor da cidade. Provérbios 27,18 mostra esse equilíbrio: a primeira parte é um provérbio em defesa do camponês e de seu trabalho (*Quem cuida da figueira come do seu fruto*). O fruto do trabalho deve realizar o trabalhador. A segunda parte da sentença, no entanto, mostra que esse trabalhador está subordinado à corte do Rei.

Esta é, então, a perspectiva estrutural do livreto ao apresentar todo o projeto político da vida do povo no amor ao próximo e na manutenção da produção que garantirá o futuro numa sociedade mais desenvolvida, rica e afluente (cf. Pr 25,22; e 27,23-27). Estamos no auge do sistema tributário no século VIII a.C. A vida dos camponeses é vista da perspectiva da corte do Rei.

A Casa patriarcal camponesa é, no entanto, o centro da vida social. O ponto principal das relações sociais está no amor ao próximo, que assegura a subsistência, ou a paz (o *shalom*) para a vida de todo o povo. A honra do justo subsiste na superação de sua negação que aparece nos três tipos sociais básicos para o relacionamento social: *o estulto, o preguiçoso e o litigioso* (cf. Pr 27).

2.3. A libertação do povo pobre

Provérbios 28–29 é a segunda parte da Segunda Coletânea salomônica. Seu conteúdo central é a esperança da libertação do povo fraco e pobre, na expectativa da vinda de um Rei que liberte os pobres e firme o trono na justiça (cf. Pr 28,15-16 e Pr 29,1-2.13-14).

Esse livreto tem uma história e uma forma literária muito complexas. Na forma atual, a oposição entre o justo e o ímpio e o papel da Lei na organização da sociedade fazem perceber que estamos na sociedade pós-exílica com sua crise e sua esperança. Mas o núcleo central de esperança de libertação do povo pobre e fraco nos aproxima do tempo e da perspectiva do profeta Sofonias. Este fez o apelo de busca da justiça e da pobreza (cf. Sf 2,1-3). Viu o povo libertado da dominação assíria como o povo pobre e fraco (cf. Sf 3,12-14).

Essa é a mesma perspectiva do meio do qual nasceu o projeto que se encontra em Provérbios 28-29. E isso leva-nos a dizer que a situação descrita é a do tempo de Manassés. Nesse tempo, há um movimento de esperança de saída dessa situação de opressão e expectativa de renovação da dinastia de Davi pela vinda de um Rei que restaure o trono davídico em favor dos pobres da terra! Isso nos coloca no ambiente que vai de Ezequias até Josias, com a forte tendência de restauração do povo, tal como aconteceu com a reforma deuteronomista, no tempo do rei Josias, considerado o justo (cf. Jr 22,11.15-16).

A sabedoria é, então, vista como o discernimento da opressão que vem do príncipe dominador, e é discernimento da opressão dos pobres pelos ricos (cf. Pr 28,15-16 e Pr 29,13-14). A sabedoria toma um tom profético. Ela denuncia que a estrutura de toda essa sociedade está construída na revolta e no conflito (o termo "revolta", em hebraico *pesha'*, é empregado sete vezes no conjunto para mostrar a sociedade que domina e desintegra a Casa patriarcal dos camponeses).

A cidade está dominada por escarnecedores, assassinos e sanguinários. É nesse contexto que os sábios devem discernir e fazer o projeto de esperança de libertação do povo pobre, na expectativa da vinda de um Rei que faça justiça aos pobres e firme o trono na justiça esperando a manifestação do Julgamento de Deus (cf. Pr 29,7-14 e 29,22-27).

A sabedoria é discernimento que liberta da dominação. Constitui um povo livre que vive a comunhão. Esta se encarna na célula básica da sociedade, a Casa patriarcal que está desintegrada (cf. Pr 28,24-27 e 29,1-4). A ocorrência do termo "homem livre" (cf. Mq 2,1-2) mostra o centro e a perspectiva da sabedoria que nasce da resistência do povo pobre e almeja a libertação de todo o povo (cf. Pr 29,1.3.4.6.9-10.13.20.22.26-27).

A sabedoria assume a causa dos pobres e suscita um movimento em prol da justiça: o grupo dos justos aumenta e procura transformar a cidade dominada. A sabedoria forma, então, um novo sujeito histórico ativo: é o povo pobre e fraco que percebe que a sociedade toda deve ser libertada e mudada, pelo respeito à causa e ao direito dos pobres. Sofonias e Jeremias são as duas grandes testemunhas desse movimento (cf. Jr 5,4; Sf 2,1-3).

A sabedoria passa a ser o discernimento do direito dos pobres para refazer a vida da nação e do povo dominado.

Esse surto de consciência do novo sujeito histórico tem por resultado a reforma deuteronomista (cf. 2Rs 22–23) e uma grande atividade literária na área da sabedoria. Os sábios participantes desse processo terão grande influência e participarão da elaboração da teologia do Deuteronômio, que define a identidade do Povo de Deus como o Povo sábio e filho de Deus (cf. Dt 4,6ss; e 14,1-2).

2.4. A sabedoria e o Deus dos pobres

As *Palavras dos sábios* são um conjunto composto de três unidades: Provérbios 22,17–23,13; 23,14–24,21 e 24,22ss. As duas primeiras foram aproximadas da sabedoria egípcia de Amenemopé e da sabedoria assíria de Ahiqar. É preciso, no entanto, perceber a sua originalidade e a sua função social bem próxima da reforma deuteronomista.

A sabedoria é discernimento da ação do *Deus-Goel, o defensor e o libertador dos pobres*, como anuncia o Código da Aliança e o profeta Sofonias (cf. Ex 22,20-26; Sf 3,12-14; Pr 23,11). O Deus Defensor dos pobres aparece, então, como o agente principal que estrutura toda a mensagem: Iahweh aparece na introdução, no meio das sentenças e no final, com a alusão a Iahweh e ao Rei (Pr 22,19; 23,17; 24,21).

O livreto origina-se entre os Sábios e os Anciãos, ligados à reforma deuteronomista e à ação de Jeremias (cf. Jr 8,8; 18,18; 26,17). A alusão ao *beberrão* e ao *comilão* recorda o mesmo ambiente da ação judicial dos Anciãos em Deuteronômio 21,18-21. A disciplina paterna na Casa camponesa relembra esse mesmo ambiente. Provérbios 23,27-28 leva o filho a evitar *a prostituta e a mulher estranha*. Isso é certamente uma advertência contra a idolatria e uma defesa do patrimônio da Casa patriarcal (cf. Dt 22,21-30; Pr 29,3). A alusão sarcástica contra *o vinho* está bem próxima da mentalidade dos Recabitas, ativos nesse ambiente (cf. Jr 35,2).

A sabedoria apresenta, então, os pontos importantes dessa reforma: *a prática da justiça no portão da cidade* e nas aldeias (Pr 22,22-23), *a disciplina na casa camponesa* (Pr 23,20-21.27-28) e a defesa do povo contra os que maquinam a violência. Há um apelo para participar da "guerra santa" em defesa de todo o povo, como fora acentuado pela reforma (Pr 24,1-7; cf. Dt 20,1-5). A vida nessa sociedade de mentalidade deuteronomista é de obediência a Iahweh e ao Rei: *Meu filho, tema a Javé e ao Rei e não se revolte contra nenhum dos dois* (cf. Pr 24,21).

2.5. A vida do povo justo

A Primeira Coletânea salomônica (Pr 10,1–22,16) tem sua origem no final da monarquia de Judá e apresenta um projeto da vida do povo justo e salvo da violência ameaçadora que cai sobre Jerusalém e Judá com a invasão neobabilônica. O livreto tem duas partes (10–15 e 16,1–22,16), ligadas organicamente entre si pelo conjunto javista de forte conotação deuteronomista (14,26–16,15) e pela função da pobreza como fundamento da subsistência do povo, conforme a pregação de Sofonias (2,1-3 e 3,12-14).

A unidade do projeto de vida do justo se articula, então, pela alusão à pobreza ('*anawah*) em três locais estruturantes do conjunto (Pr 15,33; 18,12 e 22,4). O projeto de vida do justo é apresentado como o caminho da subsistência do povo, o filho de Deus que vive da justiça, numa profunda atitude de pobreza ('*anawah*) que pode salvá-lo diante da ruína ameaçadora. A influência da pregação de Sofonias é manifesta (cf. Pr 18,10-14 e Sf 3,12.17). A busca da justiça e da pobreza é o dinamismo de vida capaz de salvar o povo da ruína que o ameaça.

Esse projeto sapiencial de esperança é uma coleção de sentenças atribuídas a Salomão, o Sábio, tal como esse rei é apresentado pela teologia dos responsáveis pela reforma deuteronomista, no final da monarquia de Judá, após a morte do justo rei Josias no ano de 609 a.C. Nesse mesmo tempo, o exército neobabilônico vem e envolve o povo de Judá num clima de violência que ameaça a subsistência do Ungido, o Povo de Deus ameaçado. O profeta Habacuc dá o diagnóstico da violência avassaladora (1,1-4) e pede a Deus que salve o Justo, o seu Ungido, da violência destruidora (3,13). Esse profeta indica que o caminho da sobrevivência do Justo é sua vida na fé: *O justo viverá por sua fidelidade* (2,4).

Nessa situação, um grupo de sábios coleciona antigas sentenças e faz o projeto de salvação do Povo, o filho de Deus. A palavra profética de Habacuc 2,4 — *O justo viverá por sua fidelidade* — aparece como a inspiração fundamental que explica o dinamismo do projeto da vida do Justo que é o Povo de Deus ameaçado pela violência invasora.

A sabedoria é o projeto de vida do Justo que *viverá por sua fidelidade a Iahweh*. Como prometia o profeta Habacuc, a sabedoria é uma torre forte que salva o povo da ruína ameaçadora. Esse povo subsiste como Povo de Deus por sua obediência à Palavra de Iahweh e na defesa do direito dos pobres. Esse é o sentido da grande inserção deuteronomista a partir de Provérbios 14,26ss, que dá a perspectiva a todo o livreto: a Sabedoria liberta e mantém a vida do Justo, o Povo Filho de Deus (Pr 14,26-28; 16,17-19; 18,10-12; cf. Hab 2,1-4).

2.6. O apelo decisivo da sabedoria

Depois do exílio na Babilônia, nos séculos da restauração da comunidade religiosa em torno do segundo Templo reconstruído, Provérbios 1–9 apresenta a sabedoria como o apelo decisivo do Deus da Vida para a salvação de seu Povo. A sabedoria é um apelo para deixar o caminho da violência e caminhar para a vida em comunhão oferecida pela Mãe Sabedoria, no Banquete Messiânico (cf. Pr 1,20-23 e 8–9).

A sabedoria é a Palavra de Deus que comunica o espírito de vida e de comunhão; é a Palavra que derrama copiosamente o seu Espírito para salvar o povo disperso e desintegrado (Pr 1,20-23). O símbolo da Mãe evoca essa riqueza da comunicação divina que se torna princípio de conversão e de vida para o povo que responde ao apelo decisivo da sabedoria. Provérbios 1–9 mostra a ação da sabedoria na restauração do Povo de Deus. *A sabedoria inaugura o processo de libertação da violência e abre o caminho da comunhão que leva para a vida em plenitude.*

Provérbios 1–4 revela o que é o movimento de conversão provocado pela sabedoria: é apelo para deixar a vida na violência e voltar-se para viver *a nova aliança* que dá acesso à *Árvore da Vida*: é a realização pessoal na integração que acontece na *honra* (integridade, identidade, realização da vida). Vale relembrar aqui os passos desse processo de individuação e de integração desencadeado pela Mãe sabedoria que dá acesso à Árvore da Vida (cf. Pr 3):

Provérbios 1 mostra que o apelo da sabedoria, encarnado na instrução da mãe e do pai, faz deixar o caminho da violência e da desintegração: a violência é uma rede e um mecanismo que desfaz e desintegra as pessoas e toda a sociedade. É preciso abandonar, sair desse caminho da violência. O apelo da sabedoria derrama copiosamente o seu Espírito. Este orienta para a realização pessoal: o caminho da sabedoria é realização do desejo, realização da vida no ato de comunhão (Pr 1,20-34). A sabedoria é, pois, um apelo de conversão para a Vida em plenitude (cf. Pr 3,16-20).

Provérbios 2 indica que *o apelo da sabedoria desencadeia um processo de libertação* para *a vida plena em comunhão*. A base desse processo é teologal (vv. 1-4). Consiste numa atitude receptiva e de expectativa: é uma atenção envolvente de toda a vida sensível e imaginativa (ouvir), e do exercício ativo da razão (o coração). Como o tesouro escondido no campo, ou a pérola de grande preço (Mt 13,44ss), a sua busca e aquisição requerem o dom total de si mesmo numa decisão firme e fiel. Somente o coração puro pode alcançar a sabedoria.

Dessa atitude básica desencadeiam-se *os passos do processo de libertação*: vv. 5-8.9-11.12-15.16.19.20-22:

- vv. 5-8: o maior dom da sabedoria é o conhecimento de Deus, uma relação viva e amorosa (cf. Os 4,1ss; 6,6);
- vv. 9-11: o segundo dom é a oração constante que traz a integração da vida; o desejo e a responsabilidade se unem. A sabedoria informa a mente (coração) e toda a personalidade (a alma);
- vv. 12-15: a sabedoria liberta do caminho do mal e do caos que a perversidade instaura por dentro e por fora das pessoas; revela o caminho da sombra e abre o caminho da luz;

- vv. 16-19: o sábio será salvo da "mulher estranha" (Pr 5; 6,20-35; 7; 9,13-18). Ela é a antítese da sabedoria, um tipo sociológico concreto na comunidade pós-exílica. É também o símbolo da desintegração que ameaça a vida da comunidade (v. 18);
- vv. 20-22: finalmente, os que recebem a sabedoria *serão íntegros e habitarão a terra*. É o ponto de chegada do processo de integração. O processo de libertação tem seu término com a realização pessoal e coletiva.

Provérbios 3-4. A sabedoria consiste em interiorizar os valores da Aliança no coração. É a realização da Nova Aliança anunciada por Oséias 2,16ss e por Jeremias 31,31-34. A presença da sabedoria no coração leva à plena realização. Há aqui a apresentação de seis formas de sabedoria com a realização ou recompensa pessoal. O primeiro dom é o *shalom*: a completa realização que satisfaz toda a nossa busca e o nosso desejo. Vêm em seguida o amor recíproco (*hesed)*, a fidelidade (*emeth*), a comunicação positiva (*toráh*).

O caminho endireita-se na direção da vida em abundância (vv. 5ss). A sabedoria é a Árvore da Vida: é dom divino que realiza e salva a criação e a história humana.

O símbolo da Árvore da Vida revela a sabedoria como o princípio divino que desencadeia e assegura a realização do desejo de vida plena. Ela conduz, portanto, à Honra. Esta é o encontro da verdadeira identidade e a integração na comunhão da vida do Povo de Deus (cf. Pr 4).

Provérbios 5–9 revela a presença da sabedoria como fonte de integração e de vida na história concreta do Povo de Deus. Ela é princípio de vida e de libertação nos atos concretos da vida pessoal e social.

Provérbios 5–7 resume os aspectos dessa vida da comunidade pós-exílica de Jerusalém em torno da figura da *mulher estranha* e do *preguiçoso*. Era o problema do casamento com mulheres estrangeiras que ameaçava a identidade e o patrimônio do povo, e o problema do trabalho como fator necessário para a sobrevivência do povo na terra retomada.

A sabedoria encarna-se na vida concreta e faz superar esses dois obstáculos básicos na reconstrução do povo que volta do exílio na Babilônia. Nesse contexto, a presença da sabedoria é um princípio para uma nova vida.

Provérbios 8 apresenta a sabedoria como o princípio ativo e transcendente da vida na verdade, na justiça e no amor. Ela é um dom messiânico que assegura a salvação do Povo de Deus.

A sabedoria é a revelação, ela é personificada num profeta que lança seu apelo por toda parte; é o princípio transcendente da verdade segura que é o motivo da fé e da confiança do povo (vv. 1-11).

A sabedoria é messiânica: é apresentada com os traços do Messias, em Isaías 11,2, e com traços divinos como em Jó 12,13 (cf. Jr 10,6-12); ela é a fonte da vida, da prosperidade, da honra e da vida no amor (vv. 12-21).

Provérbios 9 chega ao ponto alto: o símbolo da Mãe apresenta a sabedoria como o princípio da vida que é comunicada ao Povo. Ela é o apelo decisivo que oferece a participação no Banquete Messiânico; é princípio de comunhão que constitui a vida do Povo de Deus em Aliança.

A sabedoria personificada vem adiante do Povo como uma Mãe (cf. Is 49,14-15; 66,13.15, aqui a imagem é aplicada a Deus), como uma esposa virgem (cf. Pr 5,18; 7,1-5). O alimento que ela oferece é o mesmo dom que Deus faz no Banquete Messiânico (cf. Is 55,1-2).

2.7. O sábio e a sabedoria

Provérbios 30–31 é o epílogo de toda a obra. As três figuras — Agur, a mãe estrangeira e a mãe judia — são símbolos que evocam o sábio ideal que concretiza a sabedoria na vida do povo.

O sábio é obediente e limitado diante da sabedoria transcendente de Deus. Essa sabedoria é universal e aparece principalmente na sabedoria materna que é superior à sabedoria dos reis.

A sabedoria que é dom de Deus para a vida se concretiza na figura da mãe judia. Ela está na base e é o princípio ativo da comunhão na Casa onde todos vivem o serviço, a solidariedade e a paz.

a) Agur, o sábio obediente

A tradução latina (a *Vulgata*) compreende Agur como *aquele que une*, e seria uma alusão a Salomão. Ele é *filho de Iakeh*, ou *aquele que dispersa*, referindo-se a Davi. Essa compreensão do texto indica que Agur não é nome próprio (Agur, de Massa). Trata-se, porém, da figura simbólica do sábio. Ela é elaborada segundo a figura do sábio no livro de Jó 24,25; 38,1ss, e em Jeremias 20,9 (cf. Sl 73,22). Assim podemos traduzir o início da apresentação de Agur, o sábio obediente e limitado diante da Palavra de Deus:

> Palavras de Agur, o filho obediente,
> — Oráculo, Declaração do mortal:
> Fatiguei-me, ó Deus, fatiguei-me, ó Deus
> E estou exausto!
> Eu sou muito estúpido para ser humano,
> E nem tenho inteligência humana.
> Eu que não aprendi a sabedoria,
> *Conheceria a ciência do Santo?!*

O conjunto é simétrico e mostra como devemos assimilar a sabedoria até aqui apresentada:

- confissão dos limites da sabedoria humana (vv. 1-3);
- e oração na situação de fragilidade do sábio (vv. 7-9).

Esses dois textos são a moldura para dois enigmas: o primeiro é o reconhecimento da fragilidade humana e de sua ignorância (v. 4); o segundo diz respeito ao conhecimento de Deus (vv. 5-6).

Os vv. 10-14 indicam a atitude prática do sábio na vida concreta: os sábios são marcados por sua atitude diante dos membros da Casa patriarcal (os servos, o pai, a mãe) e conhecem o conflito que perpassa as gerações. De modo especial, conhecem a ferocidade da opressão dos pobres no meio dos seres humanos.

Os provérbios numéricos são aqui colocados para evocar o âmbito diverso da sabedoria.

b) A mãe, conselheira de reis

O livro de Provérbios gosta dos paradoxos. Vemos a advertência contra a mulher estranha, ou estrangeira (Pr 5,20ss). Esse era um problema central para as comunidades judaicas da restauração.

Agora, é justamente uma mulher estrangeira, a rainha mãe, que é apresentada como modelo de sabedoria! Isso para dizer que a sabedoria é universal. Não está limitada a um povo. E a sabedoria da mãe transcende a dos Reis.

Ela fala ao filho de suas entranhas (v. 2) em um oráculo que reflete a sabedoria universal da imagem do rei ideal (vv. 8-9). Os preceitos formulados relembram os que já foram dados pela sabedoria do povo: cuidado com as mulheres (Pr 23,26-28), abster-se de vinho (23,29-35) e ter compaixão dos desgraçados (14,21.31).

c) A mãe, personificação da sabedoria

O elogio da mulher forte é um poema em forma de acróstico alfabético. Pode ter sua origem na prática da pedagogia materna que, seguindo as letras do alfabeto, ia desfiando para as filhas o ideal da mãe na Casa patriarcal. A mãe na Casa patriarcal é fonte de vida, de solidariedade e de serviço. A casa da sabedoria é, de fato, a Casa da Mãe, como afirmam o livro de Rute e o Cântico dos Cânticos (Rt 3,11; Ct 8,1-8).

Em Provérbios 9,1, a Sabedoria é a Mãe que oferece vida e o banquete da comunhão. Em Provérbios 31,10ss, a Mãe é a personificação da sabedoria: ela é princípio de vida e de comunhão. A sabedoria é a instrução e comunicação da bondade solidária (Pr 31,26-31).

Ela é universalmente admirada e os Anciãos a louvam no portão da cidade (v. 31). A Mãe, personificação da sabedoria, é apresentada com os mesmos traços que a Mulher Pacificada, a Sulamita (Pr 31,28 e Ct 6,9). Ela é o esteio da Casa como a célula fundamental da vida do Povo que consiste na comunhão plena de seus participantes. Encarna os valores que articulam todo o livro de Provérbios:

- Ela é princípio e fonte da *Vida* para todos os participantes da casa e do povo que teme a Iahweh.
- Ela é a *Mulher* forte que mostra e indica a dignidade feminina e seu papel primordial na vida do povo; ela é a Mãe Sabedoria que oferece o Banquete Messiânico da Vida em abundância.
- A mulher operante e ativa é *discernimento, serviço, princípio de vida*, e sua instrução é essencialmente a comunicação da solidariedade que constrói a casa e o povo (*toráh hesed;* cf. Pr 31,26ss).
- Ela abre seus braços para os pobres, oprimidos, e os *salva da violência e da morte*; é sustento da vida dos pobres, como o patriarca seu esposo (cf. Jó 29).
- Ela é *princípio ativo de verdade, de justiça e de solidariedade* (Pr 8,11ss; 12,4; 14,1.27; 31,26-31).

3. OS TEMAS CENTRAIS DA SABEDORIA

Os livros sapienciais apresentam a sabedoria como discernimento dos pontos fundamentais da vida humana em relação a Deus e à comunhão com o próximo. Esses temas indicam o que é mais essencial na sabedoria, que é a busca do sentido e da realização plena da vida humana.

A partir daí pode-se perceber a sabedoria como o confronto e a ruptura com a violência que desintegra a vida das pessoas e ameaça a subsistência da comunidade. A sabedoria liberta da violência e da morte e integra na comunhão com o Deus da vida e com o Povo que vive a comunhão fraterna.

3.1. A defesa da vítima inocente

O livro de Jó é a transformação do fundo primitivo da religião que acusa a culpa da vítima e sobre ela descarrega a violência unânime de um grupo que se desfaz pela violência recíproca que o assola. Essa unanimidade da violência sobre uma vítima visa restabelecer a ordem e a paz na comunidade ameaçada de subsistir pelo impacto da violência recíproca que estabelece o caos e a desordem na comunidade.

Jó transforma esse fundo mítico da religião e procura a comunhão com o Deus justo e misericordioso que é o seu Defensor. Jó resiste à acusação de culpa que lhe impõem e transforma o antigo princípio ético da retribuição:

Jó sofre, mas é inocente; não é culpado. Ele confia totalmente no Deus misericordioso que é o seu Defensor (Jó 19,20ss).

A sabedoria subversiva de Jó está na afirmação e no discernimento de sua inocência e de sua integração na comunhão com o Deus da Vida, justo e misericordioso.

- O prólogo apresenta a dimensão sagrada da figura de Jó sofredor, sinalizada também pela figura simbólica de Satã, ou a personificação da contradição fundamental, representada no caso de Jó, o justo sofredor. Satã é a figura simbólica da crise e da desintegração trazida pela violência unânime que causa a desordem e é o grande obstáculo para a vida comunitária. Se Jó é sofredor, ele é culpado, dizem os seus amigos, que encarnam a unanimidade da violência contra uma vítima considerada culpada e responsável pela atual desordem da vida comunitária. Jó não é justo e não teme a Deus (Jó 1–2).
- A parte central é o diálogo de Jó com seus três amigos (Jó 3–27) e a confissão da inocência e do processo de integração de Jó no passado, no presente e no futuro (Jó 29–31). A teofania é a manifestação de Deus que dá razão a Jó ao defender sua justiça em uma sociedade tomada inteiramente pela violência (Jó 38–42).
- A parte mais importante do diálogo com os três amigos traz o núcleo do problema. Os três ciclos dos diálogos (Jó 3–11; 12–20 e 21–27) são a manifestação da verdade da justiça e da inocência de Jó contra seus amigos que o acusam de culpado e merecedor do sofrimento que lhe é imposto por Deus, pela religião, pelo direito e pela sabedoria tradicionais.

Todos afirmam que Jó é culpado. E por isso descarregam nele toda a violência que o faz sofrer. Jó resiste e apresenta a defesa da vítima inocente: Deus é sua testemunha, mesmo que toda a sociedade trate Jó como um bode expiatório, o objeto de escárnio sobre o qual recai toda a fúria destruidora de todos (Jó 16–17).

Jó, no entanto, desintegra a religião da violência e mostra a justiça que vem da comunhão com o Deus justo e misericordioso. Ele é a vítima típica que faz a sua defesa. De fato, a sabedoria dos três amigos o acusa: *Se você sofre, é porque é culpado. Confesse a culpa!* O fundo ilusório da religião da violência unânime sobre uma vítima culpada é isso. Jó, porém, resiste.

Jó luta para subverter essa visão do sagrado e procura a verdadeira relação de justiça e de amor com o Deus vivo. Com efeito, os três amigos representam a multidão que na violência unânime se volta contra uma vítima.

A verdade que existe na vida de Jó confronta a mentira escondida nessa ilusão enganosa da violência salvadora da comunidade. Esse é o núcleo do segundo ciclo, no qual Jó defende a verdade de sua sabedoria e mostra a falsidade e inconsistência da "sabedoria" dos seus amigos (cf. Jó 12–17).

Jó critica a falsa imagem de Deus nessa antiga visão religiosa; procura a verdadeira imagem do Deus da Vida, justo, misericordioso, o de-fensor da vítima inocente (Jó 19).

Jó termina com a confissão de sua inocência. Sua defesa é a manifestação do processo de integração no qual vive o justo em comunhão com Deus. Jó é justo no passado (Jó 29), no presente (Jó 30) e no futuro (Jó 31). Sua justiça é um dom do Deus justo e misericordioso que restaura a integridade de Jó e dele faz uma pessoa realizada e feliz.

3.2. O amor da Sulamita

O Cântico dos Cânticos é o poema sublime que celebra o amor da Sulamita em uma sociedade em crise. Essa sociedade é a descrita por Neemias 5. A figura da Mulher Judia e o seu casamento com Salomão, figura simbólica dos tempos de paz e de um povo integrado, são o modelo para a vida de um povo que procura sua libertação e sua integração.

O casamento da Sulamita e de Salomão é o símbolo da esperança do povo que busca ser integrado no amor que se realiza na Casa da Mãe, lugar e foco da comunhão que é fogo divino (Ct 7–8). O tema central do Cântico dos Cânticos é, pois, o amor integral entre a mulher e o homem que se unem na comunhão maior representada pela Casa da Mãe. O amor da Sulamita é o processo de união com o Amado, na força do *Eros* e na realização plena da *Amizade* (*Ágape* ou *Caritas*).

A primeira parte (Ct 1,1–5,1) apresenta o dinamismo do amor erótico que se consuma na união do casal no Jardim. A busca intensa da união amorosa é apresentada em cinco cantos:

O desejo mútuo de união (1,1–2,7). Este primeiro canto apresenta o dinamismo do amor como processo de união e de integração da Amada:

- O desejo começa com a visão da união consumada, na Casa da Mãe (vv. 2-4).
- Descreve a situação desintegrada da Amada, símbolo da mulher judia na crise da comunidade (vv. 5-6).
- O diálogo entre os dois Amantes exprime o âmago da união desejada ardentemente (vv. 7-8).
- E o dueto que se segue exprime a reciprocidade e atração mútua como força de união e de realização de ambos no ato de amor (vv. 9-17).

- Esse processo chega à integração da Amada, que mostra sua identidade com o *símbolo da rosa*, o crócus do outono e a anêmona coronária (vv. 2,1-7).

O segundo canto (2,8-17) é um passo a mais no dinamismo da união: a voz do Amado convida ao amor num canto à primavera. O desejo é de posse mútua, e o amor faz dos dois um só. É preciso afastar os obstáculos do amor e da identidade da Amada. O convite se faz impetuoso antes da noite, no frescor do paraíso, o jardim da união (vv. 15-17).

O terceiro canto (3,1-5) mostra que o desejo do amor é veemente e afeta a totalidade da pessoa que ama e se doa (a *nefesh*): o amor é ato livre que se desperta e se desenvolve por si mesmo. O despertar do sono consiste em aprofundar a densidade do amor na sua totalidade como Eros e Ágape (3,5 cf. 2,7; 6,2).

O quarto canto (3,6-11) celebra o ritual da união de Salomão com a Amada. O imaginário maravilhoso descreve a carruagem do Amor. O ritual efetiva o amor como ato de união erótica e de amizade permanente na reciprocidade do dom (v. 11).

A consumação da união se faz no Jardim (4,1–5,1). O ato da consumação da união que faz do casal uma só carne é apresentado também com o imaginário feérico do Jardim: o Jardim é a Mulher e a união do casal na intimidade do amor. A imagem do Banquete enquadra a cena para mostrar que se trata de integração numa comunhão mais plena (4,11; 5,1a).

A segunda parte (5,2–8,14) descreve o dinamismo do Amor-Amizade, em toda a sua profundidade de fogo divino que abraça o casal na Casa da Mãe: o casal de irmãos se integra na comunhão simbolizada na figura da Mãe.

O novo despertar (5,2–8). É o despertar para aprofundar a dimensão do amor-ágape; é a amizade que vê no Amado o irmão, e com ele se une na Casa da Mãe, o lugar e o foco da comunhão mais ampla (8,1-8).

A visão da Amada (6,4-10) é a admiração da beleza fascinante, símbolo da Terra e do Povo. A beleza da amada a apresenta com o esplendor da mulher-sabedoria que é o sustento da Casa, a base da vida do Povo que é comunhão (cf. Pr 31,28).

A visão do Amado (5,9–6,3), descrito de maneira fascinante e sublime, mostra que o amor é, de fato, *caritas,* ou carinho mútuo que admira a beleza e a bondade um do outro.

Este canto (6,11–7,11) apresenta a integração da Amada. Sua identidade é agora apresentada com o nome próprio, a Sulamita, a mulher cheia de paz em plenitude. É interessante notar que a Sulamita tem o nome da filha de Zorobabel (1Cr 3,19), pois ela é símbolo e modelo para a restauração do povo em crise (cf. Ne 5).

A consumação da união se faz na Casa da Mãe (8,1-14). A alteridade do casal se une na grande comunhão da família cujo símbolo é a Mãe: símbolo da vida em união, no serviço, na comunhão sem limites. A consumação do amor na plena comunhão revela-o como fogo divino abrasador (Dt 4,24; Ex 34,14).

3.3. A porção humana: frágil, fugaz e mortal

O livro do Eclesiastes, escrito em Jerusalém no final do século III a.C., revela o fundamento da identidade do Povo de Deus ameaçado pela invasão e dominação da cultura grega. O sábio faz pensar com realismo, apresentando palavras percucientes e picantes como o aguilhão pontiagudo (Ecl 2,12-17; 7,27; e 12,9–11).

A sabedoria é crítica dos valores tradicionais. Todavia, o discernimento do sábio é limitado e opaco. A sabedoria, no entanto, é um julgamento capaz de mostrar qual é o sentido da vida humana. É capaz de dar identidade ao povo em seu projeto de futuro determinado pela morte certa. O sábio reflete sobre a futilidade da vida humana, no tempo e em relação com Deus (Ecl 1,3; 1,14-15; 2,11.17.26; 4,4-6.16; 6,9). Qual é o sentido da vida humana que caminha para a morte e se realiza numa existência limitada, fugaz e perecível?

O sentido da vida humana não é imanente ao ritmo repetitivo e monótono da vida. Ele está no dom de Deus. Eis a *porção humana* (*heleq*), o eixo de toda a reflexão. Há oposição entre a porção humana vivida por Salomão (Ecl 2,10ss) e o projeto da *porção humana* a ser vivida na autenticidade (Ecl 9,7-10). O temor de Deus é o centro do discernimento limitado nessa vida fútil, passageira e mortal (Ecl 3,14; 7,18; 8,12ss; 12,13). Nessa perspectiva, podemos compreender a estrutura do livro em um ritmo muito bem estruturado.

Eclesiastes 1–5 (o conjunto se articula com três discursos coerentes: 1–2; 3; 4–5). O primeiro discurso mostra que o sentido da vida não está no ritmo imanente e repetitivo da natureza nem no estilo de vida de Salomão. Está sim no dom de Deus que se realiza nos atos necessários da vida humana no tempo.

O segundo discurso é famoso: a vida acontece no momento que passa. A morte já deixou sua marca sobre a vida. Essa é uma seqüência de atos frágeis e desconexos (3,1-8), que acontece no momento que está passando (3,9-15), e que caminha para a morte certa (3,16-22).

O terceiro discurso mostra o que é a vida limitada, oprimida e dominada em uma sociedade opressora e desintegradora das pessoas. Com realismo, o sábio conclui com a perspectiva positiva sobre a *porção humana*, no tempo (2,24-26; 3,9-15; 5,18-20).

Eclesiastes 6–12,8 abre a perspectiva de futuro para a vida fugaz e mortal. Do ponto de vista natural, há vários níveis de futilidade da vida. Contudo, do ponto de vista de Deus, a vida é um dom que deve ser vivido em intensidade desde a juventude, e a cada momento que está passando (6,9-10).

A sabedoria critica a auto-suficiência da sabedoria helênica. Critica a sabedoria tradicional do povo, principalmente quanto ao princípio da retribuição. E ela indica qual é a realização da vida humana no tempo do trabalho penoso e na dominação que existe na sociedade.

A sabedoria é dom de Deus que realiza o ser humano, em confronto com os limites e com as contradições mais profundas que existem na vida social. A sabedoria é relativa e opaca. Contudo, atinge a vontade de Deus e a ele se une pela prática do temor de Deus.

O valor da sabedoria consiste em determinar a vida para o bem e realizá-la desde já, diante do futuro determinado pela morte. Essa é a tarefa da vida humana em face do futuro, diz o texto essencial sobre a porção humana vivida na limitação, na contingência e na busca de plena realização (9,7-10).

A base da sabedoria está no discernimento do que é melhor para a pessoa. Para isso, é preciso criticar os mecanismos tradicionais da sabedoria (7,1-8). É um discernimento que faz viver e é força que realiza (7,19-24). No entanto, ela é limitada, e por isso é uma superação das contradições e uma busca sem fim (7,25–8,17).

A sabedoria consiste em viver a porção humana diante do acaso e dos tempos confusos (9,1-18). O seu exercício se realiza no contexto social. Diante das contradições e da situação de opressão, não se pode ficar na passividade, mas é preciso ser capaz de viver com intensidade desde agora, em uma vida fugaz e passageira.

O temor de Deus faz evitar armadilhas e contradições no cotidiano da vida privada e pública (10,1-20). A sabedoria coloca a vida em perspectiva positiva no domínio das finanças e dos acontecimentos incontroláveis e surpreendentes (11,1-6).

A vida deve ser vivida em intensidade numa tensão contínua: luz e trevas, força e fraqueza, e confronto com as frustrações. O tempo da juventude representa a grande possibilidade no presente (11,7-10). A velhice é a porta da morte futura (12,1-7). O autor termina evocando o tema central da reflexão: a vida humana é fugaz, passageira, e mortal (12,8).

Eclesiastes 12,9-14 indica a direção final que vem de Deus. Deus age e fala por meio dos sábios e toma o lado da vida (12,9-11). A palavra humana para os outros, se fica fora da revelação de Deus, é cansativa e frustradora (12,12). A palavra final é apelo para viver no temor de Deus em face do Julgamento que virá (12,13-14).

3.4. Sabedoria e Povo de Deus

O livro do Eclesiástico, ou o Sirácida, foi escrito no contexto da grande invasão da cultura grega que ameaçava a identidade do Povo de Deus. Em

190-180 a.C., o livro do Sirácida foi originalmente escrito em hebraico em reação ao domínio grego na Palestina, a fim de recuperar a identidade do Povo de Deus.

Seu ponto de partida é a afirmação da identidade do povo através de sua memória histórica, desde o início da união das tribos (Eclo 36,10), passando pelas mais importantes figuras que constituem a história de Israel (Eclo 44–49), até o sumo sacerdote Simão (Eclo 50,1-21).

A narrativa da história é afirmação da tradição e da cultura de Israel diante da invasão da cultura grega com seus heróis e deuses, principalmente Júpiter Olímpico, que procura sobrepor-se a Iahweh. O autor procura salvar a tradição do Povo de Deus fazendo a afirmação de que a sabedoria é a Lei (Eclo 24), fonte de vida e de liberdade para o Povo de Deus. Subjetivamente, a sabedoria é o temor de Deus e, objetivamente, ela é a Lei, a norma de Vida que dá identidade e salva o Povo de Deus: *Toda a Sabedoria é o Temor de Iahweh, e em toda a Sabedoria há a prática da Lei* (Eclo 19,20). Assim, o *Temor de Iahweh*, a *Lei* e a *Memória dos pais* explicam a estrutura do livro e o dinamismo da longa exposição.

Eclesiástico 1–23: a primeira parte é uma exposição da sabedoria cujo princípio é o Temor de Deus. Isso poderá fazer frente à sabedoria grega em sua auto-suficiência e em sua expansão dominadora.

Há sete elogios à sabedoria divina comunicada ao povo de Israel. A sabedoria (*sophia*) corresponde ao grego *paidéia, phronesis, synèsis, episteme, gnosis*.

A sabedoria tem sua origem em Deus, ela não é pura abstração, como a razão, mas representa uma entidade viva, próxima de Deus, ainda que distinta dele. A sabedoria é preexistente em Deus, e é sua comunicação aos seres humanos (Eclo 1,1-10). Ela suscita e sustenta a prática da *caridade,* o amor aos outros na prática do bem (Eclo 3,14-15). E está na base da *antropologia da liberdade e das dignidades humanas* (Eclo 12-17).

Eclesiástico 24–43: a segunda parte é uma apresentação da sabedoria que liberta e sustenta a vida do Povo de Deus, manifestando a presença da Glória em seu meio. Como em Provérbios (1,20-23; 8,1-3), a sabedoria fala no meio de seu Povo que é a Assembléia do Altíssimo (cf. Eclo 15,5; 21,17; 23,24).

A sabedoria possui tudo, mas procura um lugar de repouso para aí plantar a sua Tenda. Esse lugar é o Povo de Israel. A Lei recusada pelos gentios é aceita pelos israelitas, e Israel torna-se o herdeiro da sabedoria (Eclo 24,7-8; 44,23). Ela restaura e sustenta o Povo de Deus que é vida na comunhão igualitária. A esperança da reunião das tribos é fundamental na esperança do Povo. Israel subsiste como uma pequena nação: a maioria dos judeus encontra-se na Diáspora. A reunião das tribos é o sinal da posse da herança que vem da sabedoria sempre ativa e salvadora.

Eclesiástico 44-51: é a memória histórica dos Heróis do Povo de Deus, os "homens da misericórdia" (*hesed*). Os Hasidim (os Assideus) são o grupo de judeus especialmente fiéis a Deus e à Lei durante a guerra dos Macabeus e na resistência contra a invasão da cultura helênica (cf. 1Mc 2,42; 7,13; 2Mc 14,6). Em contraste com aqueles cuja memória não existe mais (v. 9), surgem os "homens da misericórdia", cujas ações justas não foram esquecidas e evocam mesmo a esperança da imortalidade (Eclo 44,10-15).

3.5. A esperança da imortalidade

Obra-prima da tradição sapiencial é o livro da Sabedoria de Salomão. Essa obra foi escrita no final do primeiro século antes de Jesus Cristo, certamente em Alexandria no Egito. Muitos quiseram atribuí-la a Filão de Alexandria, o que não é provável. Contudo, o seu conteúdo não está longe desse autor, quanto ao tempo e quanto ao ensinamento.

O livro provém de um grupo de sábios hebreus profundamente impregnados de helenismo, como os Terapeutas, evocados por Filão de Alexandria (cf. *De vita contemplativa*). De todo modo, é o ponto alto da tradição sapiencial com sua mensagem sobre a imortalidade (Sabedoria 3), a transcendência da sabedoria (Sabedoria 7-9) e o futuro escatológico do Povo de Deus (Sabedoria 13-17).

Sabedoria 1-5: é composto em forma poética e mostra a diferença entre o justo e o ímpio. A sabedoria chega ao ponto alto da tradição sapiencial com sua revelação sobre a imortalidade humana que é acesso à união com a vida imortal do próprio Deus, em confronto especial com o platonismo que falava da imortalidade no plano puramente racional e natural (Sb 3,4). A idéia grega da imortalidade feliz prometida aos puros está associada à idéia mais condizente com a visão escatológica dos judeus de que os justos são chamados a exercer nos tempos messiânicos a realeza sobre as nações. A imortalidade é o fruto maduro da justiça que é imortal (Sb 5,15; 1,14-15).

Sabedoria 6-9: é apelo para a busca da Sabedoria que se deixa encontrar. A Sabedoria não é apenas um ensinamento, mas é a verdade divina que brilha através dela e é um apelo para o interior do ser humano (Sb 6,9.13). O elogio da Sabedoria celebra a sua transcendência e a perfeição divina (Sb 7,22ss). Vale transcrever aqui o comentário da Bíblia de Jerusalém: *O autor prolonga aqui, de modo original, as personificações anteriores da Sabedoria* (cf. Pr 8,22). Como o anunciou (6,22), ele precisa ao mesmo tempo sua natureza e origem, primeiramente enumerando as características do espírito divino que a Sabedoria possui como próprias e que já informam sobre sua natureza (vv. 22-24). Contam-se 21 atributos, e esse número, 3 x 7, parece intencional para significar uma perfeição eminente. Em seguida, determina a relação da Sabedoria com Deus (vv. 25-26), com a ajuda de imagens que indicam ao mesmo tempo proveniência e participação íntima. Realizando numerosos empréstimos de vocábulos da filosofia grega, o autor sublinha, enfim, as diversas características da sabedoria, terminando por identificá-la com a providência divina (8,1). Esse elogio da sabedoria que participa da intimidade de Deus (8,3), que possui sua onipotência (7,23.25.27) e que colabora com sua obra criadora (7,12.22; 8,4.6) já anuncia toda uma teologia do Espírito a quem ela é assimilada (9,17) e da qual recebe as funções tradicionais (cf. Is 11,2) e anuncia sobretudo a cristologia, notadamente de são João, bem como a de são Paulo — cf. Efésios e Colossenses — e a Epístola aos Hebreus.

Sabedoria 10–19: a terceira parte contempla a ação de Deus na história. É o novo êxodo no qual acontece a revelação do Nome do Deus Vivo, e no qual acontece a libertação e glorificação do Povo de Deus no futuro. O elogio da sabedoria completa-se na glorificação de Israel e na supressão da idolatria dominadora (Sb 13–15; 19,22).

A revelação do verdadeiro Nome de Deus se dá nesse novo êxodo de libertação da idolatria, no qual se refaz a teofania de Êxodo 3,14 (Sb 13,1; 9,13-17). A idolatria merece toda a severidade do autor (Sb 15,4-19). Sua insistência leva a perceber o perigo real, a sedução que exercem sobre os judeus os cultos idolátricos do Egito de seu tempo. Isso explica a freqüente menção dos cultos de animais (Sb 12,24 e 15,18-19) e a violenta acusação contra o Egito nessa terceira parte do livro.

De fato, o autor retoma as pragas do primeiro êxodo para mostrar como o novo êxodo irá realizar-se. Nisso acontece a visita escatológica de Deus sobre o seu Povo (Sb 2,20; 14,11). A idolatria traz consigo a corrupção dos costumes e a desintegração da sociedade (Sb 14,22-31). No entanto, a manifestação do Nome de Deus trará a glorificação de seu povo justo e fiel (Sb 18–19), sinal da realidade sagrada que se manifesta sobre o mundo todo.

Com efeito, o livro termina com a significação da vestimenta de Aarão, sinal sagrado da libertação e da presença divina no meio de seu Povo. Êxodo 18 faz a descrição do manto sagrado: as quatro fileiras de pedras preciosas (vv. 17-21), a longa túnica (vv. 31-35), o diadema (vv. 36-38). A glorificação do Povo de Deus penetrará no mundo todo sob a influência da Sabedoria que vem e faz dos povos os amigos de Deus.

Resumindo

• *A sabedoria formou-se na tradição do Povo de Deus. Cada livreto contém a sua visão da sabedoria como discernimento da união do Povo com Deus. A história e o conteúdo da sabedoria aparecem nos diversos livretos que compõem o livro dos Provérbios: Pr 25–27 (Ezequias); Pr 28–29 (Manasses); Pr 22,17–24,34 (Josias); Pr 10,1–22,17 (tempo de Habacuc); Pr 1–9 e 30–31 (prólogo e epílogo escritos na comunidade pós-exílica).*

• Os outros livros sapienciais apresentam temas fundamentais da Sabedoria do Povo de Deus.

> **Perguntas para reflexão e partilha**
> 1. Como a fé em Iahweh estrutura a vida em sociedade, em Provérbios 25–27? O que significa dizer que a Sabedoria é discernimento da Honra de Deus, do Rei e do Justo?
> 2. Mostrar como a Sabedoria é discernimento da libertação do povo realizada por Iahweh e qual o papel da libertação dos pobres para se compreender o que é a Sabedoria (ler Pr 29 e fazer uma teologia do que é a Sabedoria na vida do Povo de Deus).
> 3. Como a Sabedoria manifesta-se como Palavra de Deus que desencadeia um processo de conversão, em Provérbios 1–9? Como Provérbios 1–4 mostra o que é a essência da Sabedoria (conversão, libertação, aliança, árvore da vida, caminho)? Como a Sabedoria é apresentada como fonte de Vida em Provérbios 8–9?

Bibliografia complementar

ANDERSON, A. F. *O Cântico dos Cânticos;* a libertação da mulher. São Paulo, Art Color, 1998.

FOHRER, G. *História da religião de Israel.* São Paulo, Paulus, 1989.

_____. *Introdução ao Antigo Testamento.* São Paulo, Paulus, 1980. 2.v.

GOTTWALD, N. *Introdução socioliterária à Bíblia hebraica.* São Paulo, Paulus, 1990.

CONCLUSÃO

Na tentativa de construir uma teologia da Bíblia hebraica tratamos de apresentar a dinâmica da revelação de Deus em meio à historia e ao cotidiano do povo de Israel e Judá. Partimos da compreensão de que a história é um dos lugares preferenciais da teologia. Nesse sentido, ao esboçarmos uma teologia bíblica da Primeira Aliança, tornou-se imprescindível levar em conta a situação e a conjuntura em que os textos foram produzidos e transmitidos. Por isso, optamos logo de início por apresentar algumas chaves hermenêuticas da leitura da Bíblia em nossa América Latina.

No primeiro capítulo — *A leitura da Palavra de Deus* — identificamos vários aspectos do modo de se ler as Escrituras em nossos dias, partindo da concepção de que a Bíblia é uma biblioteca de livros com contextos e autores diferentes e diversos. Vimos que é preciso fazer uma leitura que, por um lado, apresente a Palavra de Deus em conaturalidade com o dia-a-dia do povo e, por outro, suscite junto ao povo uma leitura comunitária, orante e fiel ao que Deus pede e o povo precisa. Assim, a leitura da Bíblia vai desde as maneiras mais tradicionais às novidades que descobrimos a partir da constatação de que Deus nos fala na realidade da vida do povo: a leitura a partir dos pobres, a leitura étnica dos afro-americanos e dos indígenas e a leitura de gênero.

No segundo capítulo — *A palavra da Aliança* — apontamos que a leitura fiel da Bíblia deve buscar a compreensão de que a Palavra de Deus sedimenta a vida do povo, tendo como base a Aliança. Para o povo de Israel ser parte da Aliança faz-se necessário tomar consciência da promessa de Deus e do convite de formar um povo solidário e sem dominações. No entanto, o outro marco importantíssimo no pacto é a presença e revelação de Deus no processo de libertação. O Deus da Aliança se revela como libertador, protetor, salvador, compassivo, fiel e gratuito. A práxis da Aliança na história tem as marcas da luta por justiça e pela defesa dos empobrecidos e fracos. E esses são aspectos fundamentais para a compreensão da Nova Aliança em Jesus de Nazaré.

Ainda na perspectiva de um caminho que leve em conta a formação da Bíblia hebraica não como um simples esboço de doutrina, mas como uma narrativa histórica elaborada com base nas realidades sociais conflitantes é que buscamos no terceiro capítulo — *História da libertação do povo* —

uma visão geral da história de Israel em três momentos fundamentais: a formação das tribos de Israel, a constituição e história do Estado tributário e a reconstrução do povo (no pós-exílio) a partir da comunidade religiosa ao redor do templo e de Jerusalém. Nesses momentos da história ressaltamos a pedagogia de Deus na formação e educação de seu povo.

A formação das tribos ou do Israel pré-estatal conta com a presença de vários grupos marginalizados que resistem à dominação egípcia. Esses grupos irão constituir o Israel livre: o grupo de seminômades que foge para as estepes confiante na promessa de Deus e na esperança de um futuro melhor; o grupo que vem do Sinai e, principalmente, o grupo que foge do Egito depois de ter experimentado de perto os ardores da opressão do faraó. Assim sendo, Israel é o resultado desses grupos fugitivos que nas montanhas buscam viver um novo projeto social e econômico.

No âmbito da experiência do Estado tributário, deparamos com uma forte organização que muda a vida das tribos. O projeto das tribos começa a ruir por diversos fatores: das pressões externas ao gradativo processo de concentração de terras nas mãos de alguns. Aos poucos o projeto monárquico vai-se estruturando, e as vozes proféticas e de resistência camponesa vão ecoando nos mais variados textos da Bíblia hebraica.

No terceiro momento, o grande período da reconstrução nacional é marcado pelos vários projetos e tentativas de recuperar a identidade, a dignidade e as tradições. Alguns apostam na Lei, outros apostam na volta para um projeto de retribalização, outros ainda pensam que basta confiar nas "boas intenções" dos persas que financiam a reconstrução do templo de Jerusalém. Por trás do embate desses projetos, descobrimos conflitos entre as várias tendências e tradições presentes no meio do povo: de um lado, os grupos sacerdotais e, do outro, os grupos que estavam alicerçados pela profecia.

Lendo a história de Israel marcada por conflitos sociais e pelos caminhos de promessa e resistência profético-camponesa, perguntamo-nos pela teologia da Aliança. Assim sendo, no quarto capítulo — *Alianças de Iahweh com as minorias* — entramos nos meandros da história de Israel e Judá na perspectiva da Aliança de Deus com o povo. Caminhamos nas pegadas da promessa de terra e filho nas narrativas ao redor dos pais e mães de Israel (Abrão e Sara, Agar, Ismael, Isaac e Rebeca, Esaú, Jacó...). Daí nos debruçamos na Aliança de Deus com as minorias marginalizadas de hebreus e hebréias no contexto da dominação egípcia. São os grupos que promovem saídas e mudanças (êxodos) e fundamentam seu projeto libertador na promessa e presença lutadora de Iahweh. Na posse da terra apontamos os seguintes eixos: aliança com os empobrecidos; é preciso expulsar os "habitantes da terra"; repartir a herança; defender o camponês empobrecido e sua produção; administrar a justiça e combater os abusos de poder.

Nesse caminho surgem as vozes proféticas a denunciar as ações de reis e governantes que quebram a Aliança. A profecia contesta, anuncia possibilidades de mudança e apresenta projetos de esperança. Seguindo essa trilha, a sabedoria em Israel resgata a teologia da Aliança como sinal de resistência às novidades dos impérios que ameaçam as tradições clânicas.

Com essas chaves introdutórias começamos a aventura de ler as três partes que compõem a Bíblia hebraica: a Torá, a Profecia e os Escritos. O capítulo cinco — *A Torá e a identidade do povo* — ajudou-nos a perceber que a forma de narrar a história é intrinsecamente teológica e, por mais que tentemos encontrar nesses livros uma unidade (edifício coerente e compacto), devemos perguntar pelas teologias no processo de seu surgimento, transmissão e fixação por escrito. Por isso começamos pela caminhada de interpretação desses cinco primeiros capítulos da Bíblia hebraica. Diante da riqueza de materiais que encontramos na Torá, percebemos que é necessária a inserção dos textos no mundo da vida de Israel e que o cotidiano e as questões humanas vividos pelos grupos que nos transmitiram esse material histórico-teológico são de extrema importância.

O sexto capítulo — *Profecia: resistência e esperança* — aguçou a nossa atenção pelas marcas teológicas nos livros proféticos. Tomamos como guia de viagem a leitura do livro de Isaías. Entretanto, antes de iniciar esse caminho, tratamos de clarear a compreensão acerca da experiência da profecia em Israel. De um lado, apresentamos os variados aspectos da profecia, sem desmerecer ou privilegiar uns e outros. Ressaltamos o aspecto da profecia visionária (videntes) e da profecia da palavra como elementos fundamentais para o surgimento de um movimento profético-comunitário em Israel. De outro lado, é preciso levar em conta que o livro profético é fruto de um longo processo que vai da fala/ação do profeta, passando pela memória dos ouvintes e da comunidade até chegar à elaboração do livro que tenta condensar esses vários momentos.

Daí seguimos em viagem acompanhados pelo livro de Isaías. Pela organização e formação do livro fomos nos aproximando do contexto histórico da profecia em Israel. A profecia de Isaías na conjuntura do século VIII encontra-se com as profecias de Amós, Oséias e Miquéias. Já no século VII, deparamos com as atuações de Habacuc, Hulda, Sofonias, Naum e Jeremias. No âmbito das releituras que foram produzidas no contexto do exílio babilônico e de dominação persa, Isaías 40–55 (o livro da Consolação) e 56–66 (profecia de restauração) tem grandes parcerias. Elas se fazem presentes no livro de meditação da profecia de Ezequiel e nas profecias de Ageu, Zacarias e Malaquias. No ambiente de releituras não poderíamos deixar de mencionar as releituras nos ambientes apocalípticos e das Comunidades Cristãs.

No sétimo e último capítulo — *A Palavra dos sábios* — a sabedoria foi a nossa mestra na descoberta do discernimento da união do Povo com

Deus. Sabedoria que recebeu influências da Mesopotâmia, do Egito e de Canaã, mas soube integrar essas experiências sapienciais e elaborar a sua visão de sabedoria. Tomamos o livro de Provérbios como orientação. A palavra de sabedoria é apelo de conversão e convoca, liberta e reúne o povo para a solidariedade e vida em comunhão. Essa constatação percorre o livro de Provérbios tanto nas coleções mais antigas (Pr 10,1–22,16 e 25–29) até a coleção mais recente (Pr 1–9). Nas coleções antigas descobrimos a presença das mulheres sábias na edificação e manutenção da casa e o trabalho livre no campo como fundamento da reprodução da vida. Deparamos com uma resistência que brota da constante defesa dos empobrecidos na porta das cidades. A sabedoria da resistência camponesa tem o seu foco na experiência acumulada pelos anciãos das aldeias e manifesta-se na busca da solidariedade e da manutenção da vida comunitária.

Na leitura de Provérbios 1–9 ressaltamos as várias visões sobre a sabedoria: apelo de conversão e instrução da mãe e do pai como caminho contra a violência e a desintegração da vida. Ela é um processo de libertação para a vida plena e representa uma busca dos valores da Aliança. É princípio de vida; como diz o sábio, *o temor de Iahweh é o princípio da sabedoria* (Pr 1,7; 9,10). Essas características orientaram-nos para a leitura da defesa da vítima inocente no livro de Jó, da poesia sublime do amor em Cântico dos Cânticos, do pensamento realista e busca do sentido da vida no livro do Eclesiastes, da afirmação da identidade e tradição do povo no livro do Eclesiástico e da esperança na imortalidade no livro da Sabedoria.

Temos plena consciência do caminho que escolhemos para a elaboração da teologia da Bíblia hebraica. Muitos aspectos ficaram de fora, seja por falta de espaço ou pela opção que tomamos. Com certeza não é o intuito deste livro abarcar tudo o que envolve uma teologia bíblica, porém, esperamos que este trabalho seja de grande valia e sirva como ferramenta para quebrar as muitas barreiras que impedem uma leitura comunitária e comprometida da Bíblia.

Este livro é o primeiro passo sobre a reflexão da Aliança de Deus, experimentada na história do povo de Israel. Oxalá sua leitura possa provocar e aguçar o desejo de ler os testemunhos da caminhada das Primeiras Comunidades seguidoras de Jesus de Nazaré, a teologia da Segunda Aliança.

VOCABULÁRIO

Apocalíptica: gênero literário voltado para a descrição do futuro nos moldes proféticos e sapienciais. Se a profecia prediz um acontecimento futuro de acordo com a história presente, a apocalíptica descreve o futuro para além da história real. Podemos dizer que a profecia de modo geral habita no horizonte da história nacional, dos costumes e tradições nacionalistas de um povo, enquanto a apocalíptica habita no horizonte da história humana e do cosmo, tratando dos dramas das classes oprimidas diante dos impérios e do destino da humanidade. A apocalíptica surge em períodos de perseguição para animar a esperança do povo, por isso que os mais variados "apocalipses" (revelação) anunciam o juízo de Deus, que põe fim à crise que o povo sofre e anuncia a chegada iminente do reino sem fim na história.

Apócrifo: termo que basicamente significa "oculto, secreto". Designa os livros que por diversas razões não foram acolhidos no seio da Escritura hebraica e do Novo Testamento cristão. Existem, contudo, livros que a tradição católica aceita como canônicos, isto é, parte de sua Bíblia, e que os judeus e evangélicos consideram apócrifos. É o caso dos livros de Tobias, Judite, Baruc, Eclesiástico, entre outros.

Assíria: um dos impérios mesopotâmicos, cuja capital é Nínive. Estabeleceu seu domínio sobre Israel a partir de 740 (época da guerra siro-efraimita), até destruir a capital Samaria em 722, e sobre Judá, chegando a quase destruir Jerusalém em 701 a.C. O império ruiu em 612, caindo nas mãos do exército babilônico.

Baalismo: religião cananéia do deus Baal, deus da fertilidade, e fonte da vida na natureza e na vida humana. Abandonar a religião de Iahweh e adotar o baalismo foi a grande tentação para o povo de Israel, desde o tempo dos Juízes (Jz 2,13). O profeta Oséias diz que o Povo de Deus se prostituiu correndo atrás de Baal, o seu amante (Os 2,18; 4,12-14).

Babilônia: cidade e capital do império responsável pela destruição de Jerusalém, em 587 a.C., e pela deportação de milhares de judeus. Por conta disso será, em muitos textos bíblicos, símbolo da opressão e da violência contra o Povo de Deus (cf. Ap 18).

Canaã: nome dado desde há muito à terra posteriormente ocupada pelas tribos de Israel. Com o tempo, "cananeu" designará o comerciante (Sf 1,11).

Clã: conjunto de famílias com uma liderança comum. Vários clãs formam uma tribo.

Códigos legais: conjuntos de leis. Os mais expressivos são o Código da Aliança (Ex 20,22–23,19), o Código Deuteronômico (Dt 12,1–26,15) e o Código da Santidade (Lv 17–26).

Compilação: atividade fundamental na elaboração dos livros bíblicos é a coleta de materiais, escritos e orais, e sua organização de forma articulada e coerente. Foi realizada fundamentalmente pelos escribas e pelos sábios (cf. Pr 25,1).

Conjuntura: ocasião fruto de uma série de fatores. Normalmente, usa-se o termo para falar de determinada situação política ou social.

Controvérsia: discussão, debate em torno de alguma questão. Vários textos da Escritura apresentam-se dessa forma.

Corvéia: organização do trabalho dos camponeses no sistema tributário, desde o tempo de Salomão (1Rs 4,8-9; 9,15). A corvéia é uma estrutura social que domina os trabalhadores rurais (Pr 12,24) para que eles paguem o tributo ao governo central na cidade de Jerusalém ou Samaria (1Rs 4).

Cosmovisão: expressa a compreensão geral de um grupo ou povo a respeito da organização da natureza e da sociedade.

Davidismo: imagens e conceitos associados à figura de Davi e a seu lugar como líder de Israel e referência para projetos proféticos e messiânicos de reorganização da vida do povo.

Estado: estrutura de comando que, em Israel, começou com Saul, firmou-se com Davi e foi plenamente consolidada com Salomão. Os Estados antigos estruturavam-se em torno de uma corte (rei e ministros), um exército e um aparato religioso (templo e seus sacerdotes). Para a viabilização do Estado, será necessária uma estrutura tributária, baseada no pagamento de impostos por parte das famílias camponesas e pela imposição dos trabalhos forçados para a realização de obras.

Formalismo religioso: qualidade do procedimento que se adota diante de rituais, textos e símbolos sagrados apenas por conta de uma rotina estabelecida, ou sem levar em conta as implicações e significados das referidas realidades religiosas. A crítica profética investe incisivamente contra práticas religiosas dissociadas da vida e do comportamento na sociedade.

Hermenêutica: interpretação do sentido da Palavra de Deus. É a busca da verdade para a salvação, como diz a *Dei Verbum* n. 11. É a compreensão das estruturas de pensamento, da linguagem e dos símbolos que exprimem a relação do ser humano com o Deus vivo.

Historiografia: arte de escrever a história, tendo como aspectos fundamentais a memória das práticas cotidianas, a tradição oral e a cultura. É a escrita da história segundo a perspectiva da "história vista de baixo", ou seja, com base nas mentalidades, nas experiências de mudança social e nas representações no imaginário e na linguagem.

Inserção: do verbo "inserir", é utilizada seja para referir-se à localização de algo ou alguém em determinado contexto, seja para se falar da colocação de uma perícope num conjunto literário. Neste último sentido, fala-se, por exemplo, da inserção de Isaías 24–27 no conjunto do livro, quando este já se achava praticamente pronto.

Israel: termo que significa "Deus lutará", por vezes designa todo o território e a totalidade do povo da Bíblia, com todas as suas tribos. Todavia, na época da monarquia dividida indica o reino do norte, independente de Jerusalém e da dinastia davídica.

Judá: um dos filhos de Jacó; nome dado a uma das tribos, aquela de onde surge Davi, na região sul de Israel. Com a divisão dos reinos em 931, passa a designar o reino do sul, com a capital em Jerusalém. No período posterior à deportação, a região será chamada Judéia.

Leitura contextual: leitura do texto que procura levar em conta as circunstâncias de cunho histórico, social, político em que o texto surgiu, bem como aquelas em que se situa o leitor.

Linguagem: meio pelo qual se modelam o pensamento, os sentimentos, a vontade e os atos humanos, e por intermédio do qual os humanos comunicam-se entre si.

Manuscritos de Qumran: também conhecidos como Documentos do Mar Morto, são centenas de escritos descobertos em 1947 nas proximidades do Mar Morto. Os documentos são datados da época de Jesus ou um pouco antes e neles encontram-se várias cópias de textos bíblicos, inclusive um rolo com o texto integral do livro de Isaías. Também foram encontrados textos até então desconhecidos, atribuídos a algum grupo judeu contemporâneo a Jesus, talvez os essênios.

Mesopotâmia: termo que significa "(terra) entre dois rios". Designa a região do atual Iraque, entre os rios Tigre e Eufrates, de onde surgiram os impérios assírio e babilônico, que dominaram a terra de Israel nos tempos bíblicos.

Messianismo: termo que abarca o conjunto de esperanças que em Israel eram associadas a um ou mais messias (palavra hebraica que significa "ungido"). Os reis em Israel e Judá consideravam-se "messias" (cf. Sl 2,7). A crítica profética à monarquia vai dar ao messianismo uma perspectiva utópica, e assim ele reaparecerá, em várias formas, em diversos momentos da história posterior.

Mito: narrativa simbólica e expressão do inconsciente humano na busca do sentido da vida. É preciso determinar o lugar e a função do mito ao lado de outras expressões do imaginário (sonhos, fábulas, conto). O mito é a narrativa simbólica de um acontecimento originário, no qual atuam os deuses e cuja intenção é dar sentido a uma realidade significativa. O imaginário mítico está no que é narrado, como relato; mas o que é narrado e que nunca aconteceu é na verdade a interpretação de uma realidade dada do presente.

Oráculo: resposta da divindade a uma consulta. Em muitos casos, a palavra profética apresenta-se na forma de oráculos, iniciados com a expressão "Assim diz Iahweh" ou assemelhados (cf. Am 1,3) e encerrados com "oráculo de Iahweh" (Am 2,16). Mostra-se aí a autoridade do profeta, na comunicação dos oráculos que recebe.

Oralidade: característica do texto como pronunciado, não escrito. Grande parte dos textos bíblicos vem de uma longa transmissão oral.

Páscoa: festa originária dos grupos seminômades (pastoris), em que se buscava o bem-estar dos rebanhos. Ocorria mais ou menos no mesmo tempo que a festa dos Ázimos, celebrada entre os grupos agrícolas, que ofereciam os primeiros frutos da terra. Em algum momento da história de Israel e Judá, assumiu o sentido de comemoração da libertação do Egito. Anteriormente celebrada nas casas e clãs, a partir do rei Josias (fim do século VII a.C.) passou a ser celebrada em Jerusalém, no Templo. Cf. Ex 12,1–13,16.

Patriarca: termo usado para designar os chefes das famílias ou das tribos que formam Israel: Abraão, Isaac, Jacó, Judá etc.

Perícope: a menor unidade literária, completa em si mesma e autônoma. Ela é a componente fundamental de quase toda a Bíblia, que não é fruto de grandes relatos mas da compilação de inúmeras perícopes. Exemplo: os primeiros capítulos do Gênesis são formados pelas seguintes perícopes: 1,1–2,4a; 2,4b–3,24; 4,1–16; 4,17-24; 4,25-26 etc.

Primogênito: primeiro filho homem do pai ou da mãe, sobre o qual recaíam direitos e deveres específicos (cf. o caso de Gn 25,29-34). Também há referências aos primogênitos dos animais, que pertenciam a Iahweh (Nm 18,17).

Redator: utiliza-se esta palavra no lugar de "autor", visto que se reconhece que os livros bíblicos são feitos de textos de inúmeras procedências, transmitidos oralmente e aos poucos redigidos. A tarefa do redator, além de compilar esses textos, é a de adaptá-los se necessário e conectá-los entre si. A ação de redatores é notada, por exemplo, na "Obra Histórica Deuteronomista" (Dt, Js, Jz, 1 e 2Sm, 1 e 2Rs), que recolhe materiais literários de diversas formas e origens e os organiza numa síntese sobre a história de Israel desde a entrada na Terra Prometida até a deportação para a Babilônia.

Reforma Deuteronomista: conjunto de medidas de cunho político e religioso aplicado pelo rei Josias a partir de 622 a.C., data em que teria sido encontrado o núcleo básico do livro do Deuteronômio (12,1–26,15), visando recuperar a independência nacional e o fortalecimento de Jerusalém como centro religioso. (cf. 2Rs 22–23).

Releitura: processo de retomada do texto, oral ou escrito, em que se reconhece que o sentido de um texto não está impresso nele mesmo, mas surge do processo de sua leitura nos diversos contextos e circunstâncias.

Saga: narrativa sobre um fato destacado, contada oralmente e depois redigida. A saga pode ser relativa a um personagem, a uma tribo ou nação, ou ainda a um lugar, para explicar-lhe o nome ou alguma particularidade. De alguma forma, a saga busca esclarecer o presente pelo recurso a uma situação passada.

Samaria: inicialmente, a última capital do reino do norte (Israel), construída pelo rei Amri; sofre a crítica da profecia de Amós e Oséias. Com o tempo, o nome passou a designar a região intermediária do território de Israel. A gente samaritana tem sua origem narrada em 2 Reis 17,24-41, e com ela os judeus (da Judéia, ao sul da Samaria) terão uma longa história de inimizades e conflitos (Jo 4,9).

Satrapia: divisão territorial do império persa.

Sião: colina em Jerusalém onde foi construído o templo de Iahweh a mando de Salomão. Muitas vezes, o termo simplesmente substitui o de Jerusalém, quando se quer evocar o templo aí construído.

Sistema tributário: forma de organização econômica e social necessária para a viabilização do Estado monárquico. 1 Reis 4ss é um bom exemplo: aí vemos a estruturação administrativa que Salomão impôs a Israel, baseada na arrecadação de tributos às tribos (não por acaso em número de doze, para que possam sustentar, uma a cada mês, o funcionamento da corte) e no estabelecimento da corvéia, que viabilizou a realização do templo de Jerusalém, do palácio real e de outras obras.

Sincretismo: é a mistura de crenças e ritos de várias religiões. Em Israel, o sincretismo era a mistura da fé em Iahweh com os deuses e rituais cananeus. Os profetas acusam sempre o sincretismo que toma conta da vida do povo: Oséias (4,12-14), Jeremias (2,20-22), Ezequiel (8,5-6.14-15). O *idolo de ciúme* era uma estátua de Astarte (deusa cananéia da fertilidade) que o rei Manassés introduzira no Templo de Jerusalém (2Rs 21,7). *Tamuz* é uma divindade assírio-babilônica de origem popular muito cultuada no sincretismo popular, durante o exílio na Babilônia.

Teoria documentária: hipótese levantada no século XIX visando explicar a formação do Pentateuco sem recorrer à inviável autoria mosaica. De acordo com ela, o Pentateuco seria fruto da junção de quatro documentos anteriormente independentes: o Javista (assim chamado por referir-se a Deus com o nome Iahweh), o Eloísta (por preferir chamar Deus de Elohim), o Sacerdotal (preocupado com genealogias, normas rituais e de pureza) e o Deuteronomista (presente principalmente no livro do Deuteronômio). Essa teoria, embora goze de muita aceitação, vem sendo cada vez mais colocada em xeque por seu caráter esquemático e por dar pouca atenção às tradições orais que estão na base de quase todo o Pentateuco.

Tradição: memória religiosa e cultural conservada, transmitida e atualizada pelas gerações. No processo de elaboração dos livros bíblicos, representa o material recebido a ser organizado pelo compilador, que poderá adaptá-lo ou simplesmente inseri-lo no conjunto maior.

Tribo: maior unidade social do Israel antigo. Consistia no conjunto de clãs organizado em torno da posse de determinado território. Israel se formou inicialmente como uma liga de tribos. A monarquia davídico-salomônica impôs-se sobre elas por meio do tributo e da corvéia, fixando seu número em doze.

Utopia: termo de origem grega que pode significar "não-lugar" ou "bom lugar". Desde que Thomas Morus, no século XVI, deu esse nome a uma ilha imaginada onde se vivia na paz, justiça, fartura e felicidade, o termo passou a designar os anseios e esperanças de um mundo melhor, igualitário e humano, que motivam a ação para transformar as realidades presentes.

BIBLIOGRAFIA

ANDERSON, Ana Flora. *O Cântico dos Cânticos*; a libertação da mulher. São Paulo, Art Color, 1998.

A REVELAÇÃO DIVINA [A Constituição Dogmática *Dei Verbum*], 1966.

BROWN, Raymond E. *O significado crítico da Bíblia*. São Paulo, Loyola, 1987.

CONFERÊNCIA DOS RELIGIOSOS DO BRASIL. *A formação do povo de Deus*. São Paulo, Loyola, 1990.

—————. *A leitura profética da história*. São Paulo, Loyola, 1992.

CHARPENTIER, Etiénne. *Para ler o Antigo Testamento*; orientação inicial para entender o Antigo Testamento. São Paulo, Paulinas, 1986.

DONNER, Herbert. *História de Israel e dos povos vizinhos*. Petrópolis, Vozes, 1997. 2 v.

FOHRER, Georg. *História da religião de Israel*. São Paulo, Paulinas, 1983.

—————. *Introdução ao Antigo Testamento*. São Paulo, Paulinas, 1978. 2 v.

GOTTWALD, Norman K. *As tribos de Iahweh*; uma sociologia da religião de Israel liberto, 1250-1050 a.C. São Paulo, Paulinas, 1986.

—————. *Introdução socioliterária à Bíblia hebraica*. São Paulo, Paulinas, 1988.

MESTERS, Carlos. *Deus, onde estás?* Uma introdução prática à Bíblia. 7. ed. Petrópolis, Vozes, 1987.

PAULO VI. *A evangelização no mundo contemporâneo*. 6. ed. Petrópolis, Vozes, 1984.

PONTIFÍCIA COMISSÃO BÍBLICA. *A interpretação da Bíblia na Igreja*. São Paulo, Paulinas, 1994.

PURY, Albert de (org.). *O Pentateuco em questão*; as origens e a composição dos cinco primeiros livros da Bíblia à luz das pesquisas recentes. Petrópolis, Vozes, 1996.

REVISTA DE INTERPRETAÇÃO BÍBLICA LATINO-AMERICANA. Petrópolis, 1996, n. 23.

SCHWANTES, Milton. *Teologia do Antigo Testamento*. São Leopoldo, Faculdade de Teologia, 1984. 2 v.

SICRE DIAZ, José Luis. *A justiça social nos profetas*. São Paulo, Paulinas, 1990.

—————. *Profetismo em Israel*; o profeta. Os profetas. A mensagem. Petrópolis, Vozes, 1996.

SOUZA, Marcelo de Barros. *Nossos pais nos contaram*; nova leitura da história sagrada. Petrópolis, Vozes, 1984.

WESTERMANN, Claus. *Teologia do Antigo Testamento*. São Paulo, Paulinas, 1987.

ZENGER, Erich. *O Deus da Bíblia*; estudo sobre os inícios da fé em Deus no Antigo Testamento. São Paulo, Paulinas, 1989.

ÍNDICE

APRESENTAÇÃO DA COLEÇÃO 5

PREFÁCIO 9

CAPÍTULO I. A LEITURA DA PALAVRA DE DEUS 11
   1. A Bíblia é uma biblioteca 11
   2. A Palavra de Deus 11
   3. A Palavra é viva 12
   4. O Espírito está no povo 12
   5. A busca da Palavra viva 13
   6. A leitura a partir dos pobres 13
   7. A leitura dos afro-americanos e dos índios 14
   8. A leitura feminista 14

CAPÍTULO II. A PALAVRA DA ALIANÇA 17
   1. Introdução 17
   2. A novidade do povo 17
   3. O Nome de Deus libertador 17
   4. O Deus de compaixão 18
   5. A Aliança na história 18
   6. A Nova Aliança no Reino de Deus 19

CAPÍTULO III. HISTÓRIA DA LIBERTAÇÃO DO POVO 21
   1. As tribos de Israel (1400-1000 a.C.) 21
      1.1. A dominação egípcia 22
      1.2. A resistência dos camponeses 22
      1.3. Israel, um povo livre 23
   2. O Estado tributário (1000-587 a.C.) 24
      2.1. A formação do Estado 24
      2.2. A história do reino do norte (Israel) 25
      2.3. A história do sul (Judá) 27
         a) Josafá: a continuidade da dinastia 27
         b) Ezequias: a restauração do trono davídico (727-697 a.C.) 28
         c) Josias: a nova concepção do Estado 28
         d) O fim do reino de Judá 30
   3. A comunidade religiosa (587-63 a.C.) 31
      3.1. A dominação persa 31
      3.2. A dominação grega 32

4. A promessa de Deus ao povo 33
    4.1. A Lei: Pentateuco 33
    4.2. Os profetas: história e profecia 34
    4.3. A sabedoria: os sábios 34
    4.4. Jesus: plenitude do processo histórico 35

CAPÍTULO IV. ALIANÇAS DE IAHWEH COM AS MINORIAS 37

1. A Aliança com os pais e mães em Israel 38
2. A Aliança na caminhada de libertação 38
3. A Aliança e a posse da terra da promessa 39
    3.1. A posse da terra e a Aliança dos empobrecidos 39
    3.2. Aliança capaz de expulsar os "habitantes da terra" 40
    3.3. Aliança no sorteio da herança 40
    3.4. A Aliança e as leis em defesa do camponês empobrecido ... 40
    3.5. A Aliança e as lutas em defesa da produção e da terra 41
    3.6. A Aliança e os juízes libertadores e administradores da justiça 42
    3.7. A Aliança e o enfrentamento aos abusos de poder 42
4. A Aliança e a profecia 43
    4.1. A novidade que contesta o poder 46
    4.2. A novidade que cria possibilidades 47
    4.3. A novidade e a teimosia da esperança 48
5. A Aliança e a sabedoria 49
6. Uma nova Aliança 54

CAPÍTULO V. A TORÁ E A IDENTIDADE DO POVO 59

1. A interpretação da Torá na história 60
    1.1. Entre vozes e ouvidos: a arte de lembrar as tradições 60
    1.2. Muitas mãos e vozes na formação da Torá 61
        a) Javista 62
        b) Eloísta 62
        c) Deuteronomista 63
        d) Sacerdotal 63
2. A interpretação da história na Torá 67
    2.1. A história primitiva – Gn 1–11 67
        a) Genealogias 67
        b) Sagas 68
        c) Mitos ou material mitológico 68
        d) Narrativas didáticas 68
    2.2. As histórias das Mães e Pais do povo – Gn 12–50 74
        a) Histórias de famílias 74
        b) As histórias não são contínuas 75
        c) O jeito novelístico de narrar os conflitos 76
    2.3. Êxodo — Um Deus presente e libertador: a luta contra a opressão e o resgate da dignidade do povo (Ex 1–15) 77
        a) Na busca da identidade: uma história dos nomes! 78
        b) Êxodo: memória de um Deus que opera milagres! 81
        c) Celebrar a libertação! Celebrar a Páscoa! 83
    2.4. Experiências do deserto – Ex 15–18; Nm 11–36 e Ex 19–24 86

2.5. As leis a favor da vida – Ex 25 – Nm 10,10 e Dt 1–34 87
    a) Terra livre, descanso e vida 87
    b) Terra livre, descanso e remissão das dívidas 88
    c) A lei do Sábado e o resgate da vida e libertação das dívidas 89
    d) "No meio de você não haverá nenhum pobre..." 91
  3. Uma palavra final 93

CAPÍTULO VI. **PROFECIA: RESISTÊNCIA E ESPERANÇA** 95
  1. O fenômeno da profecia 96
    1.1. Visão e palavra 96
    1.2. Profecia dentro e fora de Israel 97
    1.3. Indivíduos e movimentos proféticos 97
    1.4. O reconhecimento do profeta 98
  2. Quais são os livros proféticos? 99
  3. Uma coleção profética: o livro de Isaías 100
    3.1. A composição do livro de Isaías 100
    3.2. Antes do século VIII 102
    3.3. A profecia no século VIII 103
      a) Amós e Oséias em Israel 104
      b) Miquéias em Judá 105
      c) Isaías de Jerusalém 106
    3.4. A profecia em Judá no século VII até o exílio 109
      a) Repressão e violência 110
      b) Sofonias, Hulda, Habacuc e a reforma de Josias 110
      c) O ministério de Jeremias 110
    3.5. Isaías na história de Judá 111
    3.6. As releituras dos profetas 112
    3.7. A esperança do retorno 114
      a) A profecia de Ezequiel 115
      b) O livro da Consolação 115
    3.8. De volta à terra 118
    3.9. Sinais apocalípticos e a elaboração do livro 120
      a) Os inícios da organização 121
      b) Uma última inserção 121
      c) Conclusão do livro e do conjunto profético 122
  4. Profecia: mensagem e desafios 124
  5. As releituras dos profetas e o Novo Testamento 127

CAPÍTULO VII. **A PALAVRA DOS SÁBIOS** 133
  1. As sabedorias orientais 133
  2. A sabedoria do Povo de Deus 134
    2.1. A sabedoria de Salomão 135
    2.2. A sabedoria política 137
    2.3. A libertação do povo pobre 137
    2.4. A sabedoria e o Deus dos pobres 139
    2.5. A vida do povo justo 139
    2.6. O apelo decisivo da sabedoria 140

2.7. O sábio e a sabedoria 143
   a) Agur, o sábio obediente 143
   b) A mãe, conselheira de reis 143
   c) A mãe, personificação da sabedoria 144
3. Os temas centrais da Sabedoria 145
   3.1. A defesa da vítima inocente 145
   3.2. O amor da Sulamita 147
   3.3. A porção humana: frágil, fugaz e mortal 149
   3.4. Sabedoria e Povo de Deus 150
   3.5. A esperança da imortalidade 152

CONCLUSÃO 155

VOCABULÁRIO 159

BIBLIOGRAFIA 162

SIGLAS

CELAM   Conferência Geral do Episcopado Latino-Americano
CNBB   Conferência Nacional dos Bispos do Brasil
DZ   H. Denzinger & A. Schönmetzer, editores da obra *Enchiridion Symbolorum* (definições e declarações relativas à fé e à moral)

Em geral, os outros documentos foram citados por extenso.

ABREVIATURAS

VV.AA.   vários autores
art.   artigo
c.   capítulo
cf.   confrontar, ver também
ed.   edição
Ibid.   ibidem, mesma obra
Id.   idem, mesmo autor
n.   número
op. cit.   obra já citada anteriormente pelo mesmo autor
p. / pp.   página / páginas
p. ex.   por exemplo
s / ss   seguinte / seguintes (p. ex.: p. 40s = p. 40 e 41; p. 49ss = p. 49 e seguintes)
trad.   tradução
v.   volume

Impresso na gráfica da
Pia Sociedade Filhas de São Paulo
Via Raposo Tavares, km 19,145
05577-300 - São Paulo, SP - Brasil - 2014